Abschied

Georg Magirius (Hrsg.)

Abschied

Geschichten vom
Loslassen und Neuanfangen

edition ⁜ chrismon

© 2017 by edition chrismon in der Evangelischen Verlagsanstalt
GmbH · Leipzig
Printed in Germany

Das Buch wurde auf alterungsbeständigem Papier gedruckt.

Cover: Hansisches Druck- und Verlagshaus GmbH,
Frankfurt am Main, Anja Haß
Innengestaltung und Satz: Formenorm – Friederike Arndt, Leipzig
Druck und Bindung: CPI books GmbH, Leck

ISBN 978-3-96038-083-2
www.eva-leipzig.de

Inhalt

Georg Magirius

Vorwort

Nur wenn etwas schwindet, kann Neues wachsen. Das lehrt der Blick in die Natur. Nur klingt diese Erkenntnis oft wie ein Kalenderspruch, mit dem die Munteren die Traurigen traktieren: »Kopf hoch! Ist schon nicht so schlimm.« Dieses Buch ist kein munteres Schulterklopfen, sich nun bitteschön wieder dem Leben zuzuwenden. Es verharmlost den Abschied nicht, all die Verluste im Leben, den Tod. So wird man vergeblich nach Tipps suchen, wie man das Abschiednehmen trainiert, um dadurch frisch und auf vertiefte Weise neu im Leben durchzustarten. Es misstraut den Lebensvereinfachern, die selbst noch den Tod zu einer Problematik erklären, die sich lösen lässt, sofern man nur die passende Bedienungsanleitung zur Hand hat.

Stattdessen horcht das Buch den Stimmen der Poeten und Dichterinnen nach. Ihnen ist nicht an Lösungen gelegen, weil sie Anfang, Abschied, Tod und Leben nicht als Kreuzworträtsel verstehen, sondern als Geheimnis. Sie nähern sich dem Thema Abschied, indem sie es überhaupt nicht als Thematik betrachten, es nicht zu einem interessanten, durchaus diskussionswürdigen Gegenstand verkommen lassen. Sie erzählen nur. Sonst nichts. Und das so, dass es nicht auf den Begriff zu bringen ist. Welch eine Befreiung! Denn niemand muss sich seiner Gefühle schämen oder ausgeschlossen fühlen, nur weil sich das eigene Leben vielleicht nicht einsilbig anfühlt. So gut wie alles ist beim Abschiednehmen möglich, zeigt dieses Buch: Da sind leise, starke Stimmen gegen das Verdrängen. Dann ist da wieder ein erlösender Schrei, weil die Fesseln des Alten zerrissen sind. Furchtlos frech ist das oft, voller Wut und Zartheit, sorgsam indirekt, auf ungenierte Weise komisch, provozierend klar und getragen von einer tiefen Lebenslust und hellen Traurigkeit. Auf jeden Fall klingt es immer so, dass man den Bedienungsanleitungen in Sachen Vergänglichkeit getrost den Abschied geben kann. Wenn das kein Anfang ist.

Herman Hesse

Reiselust

Es ist mitten im Winter, der Schnee wechselt mit Föhn und das Eis mit Schmutz, die Feldwege sind ungangbar, man ist von der nächsten Nachbarschaft abgeschnitten. Der See kocht an kalten Morgen weißen Dampf und setzt glasig brüchige Eisränder an, jedoch beim nächsten warmen Winde wogt er wieder schwarz und lebendig und verblaut gegen Osten wie an den schönsten Tagen im Frühjahr.

Und ich sitze in der wohlgeheizten Studierstube, lese unnötige Bücher, schreibe unnötige Artikel und habe unnötige Gedanken. Irgendjemand muss doch am Ende alle die Sachen lesen, die jahraus, jahrein geschrieben und verlegt werden, und da sonst es niemand tut, tue ich es eben, teils aus Interesse und Kollegialität, teils um mich dann als kritischen Schirm und Prellbock zwischen das Publikum und die Bücherlawine zu stellen. Viele von den Büchern sind auch tatsächlich schön und klug und des Lesens wert. Dennoch scheint mir zuweilen mein Tun überaus überflüssig und mein Wollen auf ganz falsche Ziele gerichtet. (…)

Ich trete häufig für einige Augenblicke ins Schlafzimmer, wo an der Wand die große Karte von Italien hängt, und streife mit begehrlichem Auge über den Po und Apennin hinweg, durch grüne toskanische Täler, an blau und gelben Strandbuchten der Riviera hin, schiele auch etwa nach Sizilien hinab und verirre mich dabei gegen Korfu und Griechenland hin. Lieber Gott, wie ist das alles nah beieinander! Und wie schnell kann man überall sein. Und pfeifend kehre ich in die Studierstube zurück, lese entbehrliche Bücher, schreibe entbehrliche Artikel und denke entbehrliche Gedanken.

Im vergangenen Jahre war ich sechs Monate auf Reisen, im vorhergehenden fünf Monate, und eigentlich ist das für einen Familienvater, Landmann und Gärtner ziemlich reichlich, und als ich neulich das letzte Mal heimkehrte, nachdem ich unterwegs in der Fremde krank geworden, operiert worden und eine gute Weile gelegen war, da schien es mir an der Zeit, nun für lange hinaus, wenn nicht für ewig, Frieden zu schließen und heimisch und häuslich zu werden. Allein kaum war die ärgste Abmagerung und Müdigkeit zur Not überwunden und ersetzt, kaum hatte ich mich wieder ein paar Wochen mit Büchern befasst und Schreibpapier verbraucht, da schien eines Tages die Sonne wieder so unheimlich gelb und jung auf die alte Landstraße, und über den See lief ein schwarzer Nachen mit einem großen, schneeweißen Segel, und ich bedachte die Kürze des Menschenlebens, und plötzlich war von allen Vorsätzen und Wünschen und Erkenntnissen nichts mehr da als eine ganz echte, unheilbare, tolle Reiselust. (…)

Ach, diese tiefste, wildeste Reiselust ist nicht anders und nicht besser als jene gefährliche Lust, unerschrocken zu denken, sich die Welt auf den Kopf zu stellen und von allen Dingen, Menschen und Ereignissen Antworten haben zu wollen. Die wird nicht mit Plänen und nicht aus Büchern gestillt, die fordert mehr und kostet mehr, man muss schon Herz und Blut daran rücken.

Vor meinen Fenstern wühlt der weiche, laute Westwind im schwarzen See, ohne Zweck, ohne Ziel, in seiner Leidenschaft rasend und sich verzehrend, wild und unersättlich. So wild und unersättlich ist die wahre Reiselust, der Erkenntnis- und Erlebensdrang, den kein Erkennen stillt und kein Erleben sättigt. Der ist stärker als wir und als alle Ketten, und über wen er herrscht, von dem will er immer wieder Opfer haben. Gibt es nicht Menschen, die toll und wild bis zum äußersten Wagnis und bis zum Untergang nach Geld jagen und nach Frauengunst und nach Fürstengunst? Nun, so jagen wir, wir Reiselustigen, nach einem Erfassen und Erleben der Erde, nach einem Einswerden mit ihr, nach einem so völligen Besitzen und Sichhingeben, wie es nicht zu haben und nicht zu erjagen, wie es nur zu träumen, zu begehren, zu ersehnen ist. Und vielleicht ist diese unsre Jagd und Leidenschaft nicht viel anders und um nichts besser als die des Spielers, des Spekulanten, des Don Juan, des Strebers. Im Hinblick auf die Abendstunde aber scheint mir unsere Leidenschaft doch besser und wertvoller zu sein als manche andere. Wenn uns die Erde ruft, wenn uns Wanderern die Heimkehr, uns Rastlosen die Ruhestatt winkt, so wird das Ende kein Abschiednehmen und zages Sichergehen sein, sondern ein dankbares und durstiges Schlürfen des tiefsten

Erlebens. Wir sind neugierig auf Südamerika, auf unentdeckte Buchten der Südsee, auf die Pole der Erde, auf das Verstehen der Winde, Ströme, Blitze, Lawinen – aber wir sind noch unendlich viel neugieriger auf den Tod, auf das letzte und kühnste Erlebnis dieses Daseins. Denn wir glauben zu wissen, dass von allen Erkenntnissen und Erlebnissen nur die wohlverdient und befriedigend sein können, um die wir gern das Leben hingeben.

Bov Bjerg

Schinkennudeln

Schinkennudeln waren immer mein Lieblingsessen, aber einmal habe ich davon gekotzt. – Es begann in einem kühlen Raum: Herrn Hofers wachsgelbes Gesicht lag in einem weißen Kissen, die Augen hatte er geschlossen, die Hände auf dem Bauch verschränkt und mit einem Rosenkranz verschnürt. Dass Herr Hofer jetzt tot war, bedeutete nichts Gutes, und dass es der Krebs, der den Bauch unter diesen verschnürten Händen so durcheinandergebracht hatte, ohne seinen Wirt wohl auch nicht mehr lange machen würde, war kein rechter Trost.

Herrn Hofers Kaufladen an der katholischen Kirche, der sich damals sogar gegen den ersten Supermarkt im Ort hatte behaupten können, indem er Leberkäs- und Mohrenkopfwecken für ein Zehnerle anbot, blieb geschlossen. Mutter hatte keine Arbeit mehr, und ohne Herrn Hofers Zeitschriftenregal und seine kleine Bücherabteilung war auch ich plötzlich ohne Beschäftigung. Seit ich lesen konnte, hatte ich meine Nachmittage in Herrn Hofers Hinterzimmer verbracht, Comics, Schneiderbücher und immer wieder stapelweise Comics verschlungen, unterbrochen nur von den freundlichen Besuchen des taubstummen Herrn Wagner, von dem ich nie genau wusste, ob er nun junge alleinerziehende Mütter oder kleine blasse Knaben bevorzugte. Ja, ich wusste nicht einmal, was mir lieber gewesen wäre. Von Herrn Wagner selbst war darüber nichts zu erfahren. Zwar war er grundsätzlich in der Lage, von den Lippen abzulesen, solange man die Laute nur deutlich formulierte. Doch wenn eine Äußerung geeignet war, seine undurchdringliche Freundlichkeit zu erschüttern, dann konnte man beim Sprechen noch so grimassieren, es war ihm einfach nicht deutlich genug.

In seiner Jackentasche trug Herr Wagner ständig eine Tüte Nimm-Zwei-Bonbons, er gab mir immer ein gelbes, obwohl er genau wusste, dass ich die orangen viel lieber mochte. Dann sah ich ihn beleidigt an, er gab mir noch ein gelbes, und kichernd tauschten wir die beiden gelben Bonbons gegen ein oranges.

Es wurde Sommer, der Zettel an der Ladentür: Wegen Krankheit geschlossen, vergilbte, und Mutter fand keine Arbeit. Herrn Wagner sah ich nur noch gelegentlich, morgens auf dem Weg zur Schule oder am Wochenende auf dem Sportplatz, wenn er am Spielfeldrand stand und die D-Jugend mit gurgelnden Geräuschen anfeuerte.

Eines Tages war Herr Wagner verschwunden, und seltsamerweise begann meine Mutter, sich gerade da für ihn zu interessieren.

Ob ich mich denn noch an Herrn Wagner erinnere.

»Ja.«

Ob er mich denn einmal …

»Nein, ich weiß nicht, was du meinst.«

Ob er mich denn einmal angefasst habe.

»Ja.«

Sie schrie auf, und plötzlich benutzte sie Begriffe, die ich zwar kannte, aber dass meine Mutter sie auch kannte, damit hatte ich nicht gerechnet. Neben Schimpfwörtern der allerwüstesten Art handelte es sich vor allem um sämtliche Bezeichnungen für die männlichen Geschlechtsorgane, gekoppelt mit verschiedenen Verben des Entfernens.

»Ich hab ihn aber auch angefasst.«

Sie tobte durch den Flur, kündigte an, sie werde schon herausbekommen, wo Herr Wagner, den nur noch als Schwein zu bezeichnen sie inzwischen offensichtlich mit sich übereingekommen war, wo dieses Schwein säße, das werde sie schon herausbekommen, und dann!

»Öfters?«

»Ja, öfters.«

Das werde sie schon herausbekommen, und wenn sie bis nach Stuttgart fahren müsse oder bis nach Ulm, man könne ja nicht davon ausgehen, dass ein Schwein dieses Kalibers in unserer Kreisstadt sicher verwahrt sei. Sie rannte in die Garage – »im Kühlschrank steht noch Bohnensuppe, wartet nicht auf mich mit dem Essen« –, kam mit dem Fahrrad wieder herausgeschossen und atmete erst wieder tief und hörbar ein, als ich sie fragte, was denn so schlimm daran war, wenn ich Herrn Wagner zur Begrüßung und zum Abschied die Hand gab.

Der Sommer ging vorbei und ich ging jetzt auf die Oberschule in der Stadt, Mutter fand für kurze Zeit eine neue Anstellung auf der anderen Seite der katholischen Kirche.

Es war der sonderbarste Broterwerb, dem sie je nachgegangen war. Sie putzte und kochte. Nicht frühmorgens in Büros oder Ämtern. Nicht in Kantinen oder Gastwirtschaften. Nein, sie putzte und kochte für das Lateinlehrer-Ehepaar Glinka und ihre beiden Söhne Ekbert und Bente. Ekbert war der beste Schüler auf dem besten Gymnasium der Kreisstadt, Bente war etwas zurückgeblieben und brachte vom gleichen Gymnasium nur Zweien nach Hause. Außerdem war er in psychiatrischer Behandlung, hieß es, weil:

»Der Wagner.«

»Was, den Glinka-Bente hat er auch?«

»Ja, auch den Glinka-Bente.«

Frau Glinka war eine große, schlanke Frau. Sie sah aus wie die Flamingos im Stuttgarter Zoo. Jeden Sonntag saß sie allein in der Kirchenbank, ganz ohne Familie. Dabei war sie noch gar nicht so alt wie die zerknitterten Kopftuchwitwen in der ersten Reihe. In der Gemeinde erzählte man sich Unglaubliches: Frau Glinka sei früher evangelisch gewesen. Genausogut hätte man mir erzählen können, sie sei früher ein Mann gewesen. Katholisch war man von Geburt an oder man war es eben nicht. Alle rätselten, was sie wohl dazu getrieben hatte, freiwillig katholisch zu werden. Ich hatte auch eine Vermutung, aber die behielt ich für mich. Es hing mit ihrem Äußeren zusammen. Frau Glinka war so hoch und dünn wie der Turm der katholischen Kirche, ein schlichter

Nachkriegsbau. Der Turm der evangelischen Kirche aber, der war kurz und dick. Und so war Frau Glinka eben katholisch geworden, weil sie in unseren Kirchturm besser hineinpasste.

Trotzdem blieb da ein Rätsel um diese hagere Frau, die einmal evangelisch gewesen war, die zu Hause nicht selbst kochte und putzte, und die zu allem Überfluss auch noch Latein unterrichtete, eine Sprache, von der Holger, der Streber, vor kurzem erklärt hatte, dass es »ja eine tote Sprache« sei. Eine tote Sprache? Tot wie Herr Hofer mit dem Wachsgesicht und den rosenkranzgefesselten Händen? Gruselig.

Das Haus der Glinkas lag versteckt hinter hohen Sträuchern. Ich klingelte am Gartentor, dann summte es, und ich konnte das Tor aufdrücken. Nochmal klingeln an der Haustür, Mutter öffnete. Sie sah ganz normal aus. Gar nicht wie die Dienstboten, die ich aus Das Haus am Eaton Place kannte. Kein Häubchen, keine Rüschenschürze, kein Staubwedel, mit dem sie herumfuhrwerkte.

»Na, habt ihr was gelernt?«, sagte sie, beugte sich herunter und flüsterte: »Und vergiss nachher nicht, danke zu sagen.«

Bente führte mich durch das Haus. »Das Wohnzimmer.« Glinkas hatten keine Tapeten an den Wänden, sondern Bücherregale. Wo noch Platz war, hingen Bilder. Ich konnte nicht erkennen, was sie darstellen sollten. In der Mitte des riesigen Zimmers ein sehr dicker Teppich, ganz weit hinten ein Klavier. »Das ist kein Klavier«, druckste Bente, »das ist ein Flügel.« Aber wo war der Fernseher? Ein Wohnzimmer ohne Fernseher? Absurd. Andererseits: Wo Evangelische katholisch wurden, da war vieles möglich. Bente setzte sich ans Klavier und spielte mit gespreizten Fingern, theatralisch, die Stirn fast auf den Tasten, bis Frau Glinka im Wohnzimmer stand: »Bente, ich bitte dich. Du weißt, es ist Mittagsstunde.« Grüß Gott, sagte ich. »Grüß Gott«, antwortete Frau Glinka mit gespitztem Mund. Aber der Ekbert habe doch gestern Mittag auch, sagte Bente. »Quod licet jovi, non licet bovi«, sagte Frau Glinka.

»Wir essen gleich.«

Ich half meiner Mutter, den Tisch zu decken, Bente saß maulig am Klavier, dann ging er in den Flur und schlug auf den schweren Gong.

Vor dem Essen wurde gebetet, und nach dem Essen wurde gebetet. Das Essen schmeckte so lecker wie zu Hause. Logisch. Nur, dass es bei Glinkas Suppe gab und Nachtisch, und Servietten aus dickem weißem Stoff. Nach jedem Gang musste man warten, bis alle fertig waren. Nach dem Essen wurden die Familienangelegenheiten besprochen, wann Ekbert was, wohin Herr Glinka warum. Mutter und ich saßen schweigend daneben. Aufgestanden wurde erst, wenn Frau Glinka auf ihrem Stuhl zurückrutschte und gedehnt sagte: »Sooo …«

»Wagner hat dich gefickt«, sagte ich an der Haustür zu Bente.

»Wer sagt denn so was«, sagte Bente.

»Alle«, sagte ich.

»Stimmt gar nicht. Ich hab ihm einen runtergeholt. Na und?«

»Ach, und deshalb bist du jetzt verrückt und musst dauernd zum Irrenarzt? Glaub’ ich nicht.«

»Wart’s ab«, sagte Bente, »wenn du ein paar Mal hier zum Mittagessen warst, dann wirst du schon noch sehen, dass man nicht unbedingt das Glied von Wagner braucht, um verrückt zu werden.«

Er sagte wirklich Glied, dieses seltsame Wort aus dem Biobuch.

Frau Glinka war in der Gemeinde nicht sehr beliebt. Allgemein wurde ihr Übertritt zum Katholizismus als Beweis ihrer protestantischen Einstellung zur Religion gewertet. Außerdem konnte sie einfach nicht Theorie und Praxis des katholischen Regelwerks auseinanderhalten.

So war Frau Glinka wahrscheinlich die einzige Frau unter siebzig, die jeden Samstagabend zur Beichte ging, um am Sonntagvormittag ganz sicher frei von Todsünde die Kommunion zu empfangen. – Blieb die Nacht dazwischen. Selbst für die gläubigsten Traditionskatholiken ein höchstens theoretisches Problem – gebeichtet war gebeichtet. Fertig. Aus. Nicht für Frau Glinka. Dass sie auch die Samstagnacht sehr tugendhaft erlebte, dafür sprach, dass sie trotz ihrer strikten Papsttreue nicht wieder schwanger wurde, während der kleine Bierbauch ihres Mannes von Wochenende zu Wochenende immer weiter anschwoll, wodurch der schweigsame Herr Glinka dem evangelischen Kirchturm im Dorf immer ähnlicher wurde.

»Ach«, sagte meine Mutter wie nebenbei, als ich mit der einen Hand das Marmeladenbrot in den Mund stopfte und mit der anderen schon nach dem Schulranzen angelte, »ach, heute Mittag gibt's übrigens Schinkennudeln.« Und dann sagte sie einen Satz, den ich sofort wieder vergaß: »Nach einem Rezept von Frau Glinka.«

In der großen Pause verschenkte ich die Hälfte meines Salamibrotes, damit ich am Mittag mehr Schinkennudeln essen konnte. Der Vormittag ging und ging nicht vorbei. This is Mac. He is waiting for the big blue bus. He is waiting for Schinkennudeln. Big and fettig and gebraten in the pan. Yes? No, teacher, I listen not. Yes, I am sorry. I am thinking of Schinkennudeln. Yes, bacon. – Ham? Ach so.

Ich klingelte am Gartentor, es summte, ich drückte das Tor auf.

Ich klingelte an der Haustür, Mutter öffnete.

»Habt ihr was gelernt. Vergiss nachher nicht, danke zu sagen. Na, du hast es aber eilig heute.«

»Wo sind denn die Schinkennudeln?«

»Im Ofen.«

Ich wurde nicht misstrauisch. Ich deckte den Tisch, und ich wurde nicht einmal misstrauisch, als meine Mutter fürsorglich flüsterte: »Iss heut ruhig mal zwei Teller Suppe. Es gibt Bohnensuppe.«

Das war hart. Bohnensuppe war mein zweites Lieblingsessen, gleich nach Schinkennudeln. Wie sollte ich an einem einzigen Mittag angemessene Portionen von beiden Lieblingsessen schaffen? Ich wurde nicht misstrauisch. Mutter wedelte warnend mit Zaunpfählen, aber ich war blind. Bente schlug im Flur auf den Gong. Und segne, was du uns bescheret hast, Amen. Jetzt musste ich mich entscheiden: Bohnensuppe oder Schinkennudeln.

»Halt, danke, das reicht!«

Ich aß die Bohnensuppe, eine halbe Kelle nur, und wartete. Mein Magen knurrte, ich freute mich, dass darin noch so viel Platz war und stellte mir vor, wie viele Portionen Schinkennudeln ich gleich essen konnte. I am waiting for bacon-noodles. Aber Mutter tat sich noch einmal Bohnensuppe auf, Bente und Ekbert genauso, Herr Glinka ebenfalls, und ich wurde einfach nicht misstrauisch. Frau Glinka stichelte gegen die Leibesfülle ihres Mannes, lächelte wie gemeißelt zu mir herüber und sagte: »Wir warten auf die Schinkennudeln, nicht?« Da wurde ich misstrauisch. Zu spät.

Die Schinkennudeln schmeckten nicht. Ich hatte einen Riesenhunger, und die Schinkennudeln schmeckten nicht.

Eine trockene Auflaufmasse, die sauer roch und nach Muskatnuss. Ein Klotz, der von einer mürben Joghurtpampe zusammengehalten wurde. Nudeln, die überstanden, waren dunkelbraun mumifiziert. Die Schinkenstreifen faserig und zäh. Bente ging in die Küche und kam mit einer großen Flasche Ketchup wieder.

Ich aß. Gabel für Gabel. Ohne Ketchup. Langsam kauen. Gut einspeicheln. Schlucken. Nur nichts anmerken lassen. Ich verstand die Welt nicht mehr. Ich schaute Bente fragend an. Er lenkte meinen Blick zu Frau Glinka. Ich schaute meine Mutter fragend an. Sie schaute zu Frau Glinka. Ekbert und Herrn Glinka, wen ich auch ansah mit fragenden Augen – in denen man wahrscheinlich »Why?« lesen konnte, Augen, in denen ein Soldat die Arme hochriss und tödlich getroffen zusammensank, verzweifelte, anklagende Augen –, wen ich mit diesen Augen auch ansah, alle schauten sie zu Frau Glinka. Und mir ging ein Licht auf. Meine Mutter, beste Köchin der Welt und allerbeste Schinkennudelbraterin des ganzen Universums, hatte diese Schinkennudeln nach einem von Frau Glinka herbeiphantasierten »Rezept« zubereitet. Zwiebeln, Schinken, Nudeln: Herrgott, seit wann brauchte man für Schinkennudeln ein Rezept?

»Du nimmst noch eine schöne Portion, nicht?«, befahl Frau Glinka. Ich nickte. Und aß. Hatte ich den ersten Teller noch gegessen, weil ich so großen Hunger hatte und weil's doch nun mal Schinkennudeln waren, so aß ich den zweiten Teller aus Höflichkeit Frau Glinka gegenüber.

Höf-lich blei-ben, kaute ich, höf-lich blei-ben.

Ich würde sie besiegen, indem ich höflich blieb. Ich war zwar nur der Sohn der Hausangestellten, aber ich kannte meine Roots, auch meine kulinarischen, und ich war stolz wie Kunta Kinte. Und das da, das waren keine regulären Schinkennudeln, das waren Klavierspielerschinkennudeln, Lateinlehrerschinkennudeln, und meine Mutter war – offensichtlich gegen ihre bessere Einsicht – dazu gezwungen worden, diese Muskatnussjoghurtsoßenkonvertitenschinkennudeln zuzubereiten.

Höf-lich blei-ben.

Diese Frau war dem religiösen Wahn verfallen. Sie wollte uns da mit hineinziehen. Uns vergiften. Uns da mit hineinziehen, indem sie uns vergiftete.

Höf-lich blei-ben.

Ich würde uns alle retten. Ich nahm die dritte Portion.

Alle retten. Indem ich höflich blieb. Indem ich weiteraß. Indem ich diese vertrocknete, pietistische Schuldbewusstseinsjoghurtmasse in mich hineinstopfte. Ich aß einfach Frau Glinkas Waffe auf. Mir wurde ein bisschen schlecht. Die vierte Portion.

Höf-lich blei-ben.

Etwas Saures stieg die Speiseröhre hoch, viel saurer als der Joghurt. Ich schickte einen Bissen Schinkennudeln entgegen.

Höf-lich blei-ben.

Das Saure war stärker. Es waren die zerkauten, gut eingespeichelten Schinkennudeln. Noch war Platz in meinem Mund. Ich hörte auf zu essen. Pling, machte der Speiseröhrenfahrstuhl. Oberstes Stockwerk, alle aussteigen! Jetzt wurde es eng in der Mundhöhle. Da musste man halt zusammenrücken, Platz war in der kleinsten Hütte. Und wieder, pling, alles aussteigen, ich saß unbeweglich da, hatte die Gabel auf den Teller gelegt, konzentrierte mich, die Hände lagen auf dem Tisch, hielt den Mund geschlossen, presste den halbverdauten Essensbrei in den Rachen, in die Nasenhöhle, schon wieder: pling, in die Stirnhöhle, das kitzelte.

Durch Nasenlöcher und zusammengepresste Lippen spritzten zwei Portionen Schinkennudelbrei ins Esszimmer der Familie Glinka. Pling, alles aussteigen. Die dritte Portion konnte ich schon fast vollständig auf meine Stoffserviette lenken. Pling. Eine halbe Kelle Bohnensuppe. Pling. Reste von Salamibrot. Etwas Rotes mit kleinen Kernchen? Erdbeermarmelade. Der Aufzug, der den Magen mit dem Mund verband, transportierte unablässig neue Fracht nach oben. Bald waren Substanzen dabei, die ich nicht mehr identifizieren konnte, Mahlzeiten, die Jahre zurückliegen mussten, am Ende – pling – glitzerten orange Bonbonsplitter in der galliggrünen Flüssigkeit.

Höf-lich blei-ben.

»Danke«, sagte ich zu Frau Glinka. Die rutschte auf ihrem Stuhl zurück, sagte: »Sooo …«, stand auf und stakste mit gerecktem Hals hinaus. Mutter holte Eimer und Lappen. Ekbert begann zu kichern, driftete in überlautes Lachen und kriegte sich gar nicht wieder ein.

Herr Glinka stand am Fenster und löffelte Vanillepudding mit Kompott, während er die Kotzespritzer an den Scheiben musterte.

»Ich geh zum Irrenarzt«, sagte Bente, »und du kotzt hier auf den Tisch.«

Herr Glinka sagte: »Die Menschen sind eben verschieden.«

Mit vollem Mund!

Ich dachte an Herrn Hofer, dessen Bauch der Krebs so durcheinander gebracht hatte. Herr Hofer, der letztlich an allem schuld war.

Bevor der Herbst richtig nass und grau werden konnte, taumelten die ersten Schneeflocken durch die Luft. Mutter trat eine neue Stelle an, als Verkäuferin in einer Metzgerei.

Sie wurde in die Geheimnisse der Leberkäseherstellung eingeweiht, und bald hörte sie auf, Leberkäse zu essen.

Kurz vor Weihnachten war der taubstumme Herr Wagner wieder da, aber er interessierte sich nicht mehr für mich. Er schenkte mir keine Nimm-Zwei-Bonbons mehr, nicht einmal die gelben. Wenn wir auf dem Trottoir, Schneelicht von allen Seiten, mit Mütze, Schal und Handschuhen dick verpackt aneinander vorbeigingen, als ob wir uns nicht kennen würden, dann lächelte er nur ganz kurz und entschuldigend. Ich wusste nicht, ob sie ihn jetzt kuriert hatten, oder ob ich inzwischen einfach zu alt für ihn war.

Siegfried Lenz

Ein angenehmes Begräbnis

Es starb, auf einer kleinen Reise im Polnischen – es war genau an dem trauten Marktflecken Wszscinsk am Flusse Narew –, mein Tantchen Arafa. War ein schwerer, fülliger Mensch, mein Tantchen, hatte mächtige Schultern und rötliche Kapitänshände, und außerdem war sie ungemein kräftig und gewohnt zu befehlen. Sie hatte während der ganzen Reise noch keine Anzeichen davon gegeben, daß sie zu sterben beabsichtige – im Gegenteil: sie machte, dann und wann, ein paar grollende Scherze, aß ständig mehr als meine beiden Vettern Urmoneit, die sie begleiteten, zusammen und versetzte beinahe jeden Wirt, mit dem sie verhandelte, in flatternden Aufruhr.

Das Tantchen: es starb mit einem Fluch auf den Lippen, lag gerade hinten in der Kutsche, als es geschah, während die Vettern, scheu und ahnungslos, vorn auf dem Bock saßen. Sie wunderten sich nicht einmal, daß es still wurde hinter ihrem Rücken, daß keine grollenden Scherze mehr erfolgten, keine Befehle – wußten rein nichts von dem Unglück, die beiden. Na, aber dann mußten sie ja mal anhalten, weil die

Pferde Wasser brauchten, und als sie dem Tantchen herabhelfen wollten, damit es sich die Beine vertreten könnte, schlenkerten ihnen die rötlichen Kapitänshände entgegen, schlapp, ganz schlapp, und zudem war Tantchens Gesicht dermaßen friedlich, daß die Vettern, wie es jedem anderen auch ergangen wäre, mißtrauisch zu werden begannen. Sie gingen daran, sich zunächst nach allen Regeln der Kunst zu versichern: beklopften das Tantchen, lauschten in es hinein, hielten ihm ein weiches Kükenfederchen unter die Nase, murmelten Sprüche, massierten es – aber das Tantchen tat, was Tote so zu tun pflegen: es interessierte sich einfach für nichts. Worauf denn Bogdan, einer der Vettern, so sprach: »Ich rieche«, sprach er, »Lunte. Wir sind, wie man sich erinnert, abgefahren mit einem Tantchen, das Ton und Laut gab. Dies Tantchen, bitte sehr, gibt keinen Ton mehr. Es ist sozusagen verschieden.«

»Verschieden«, sagte der andere, »ist das Tantchen schon. Aber in der Kutsche, mein Gottchen, sitzt es noch immer. Und es ist, wie die Dinge stehen, zu fürchten, daß unser Tantchen von allein die Kutsche nicht wird verlassen.«

»Wir werden es«, sprach Bogdan, »melden. Vielleicht bei der Polizei?«

»Nein«, rief der andere schnell und hob, in erschreckter Abwehr gegen diesen Gedanken, die Hände. »Wenn wir es melden: man wird untersuchen das Tantchen, man wird auch uns untersuchen, sogar verdächtigen, und wie die Gesetze betreffs einer Leiche in Polen liegen, kann es Winter werden, bis wir mit dem Tantchen nach Hause kommen.«

»Dem Tantchen, mein' ich«, sprach Bogdan, »wär' das doch egal.«

»Aber uns nicht«, sagte der andere Urmoneit. »Schau doch, ich bitt dich, das Tantchen mal an. Sieht es nicht aus wie im Schlummer? Also werden wir losfahren, und wenn einer sich untersteht zu fragen, werden wir um Ruhe bitten für eine schlummernde Dame.«

So tränkten meine Vettern Urmoneit die Pferde und rollten gemächlich zur Grenze. Richteten es natürlich so ein, daß sie nachts vor dem Schlagbaum hielten, und da geschah folgendes: Bogdan, in leichtfüßigem Entschluß, sprang nach hinten zum Tantchen, umsteckte es mit Kissen, plusterte alles ordentlich auf, und als er fertig war, kam auch schon der Posten heraus. War ein schmächtiger, lederhäutiger Mensch, dieser Posten, beäugte die Vettern, beäugte die Kutsche und die Pferde, schnüffelte vor Langeweile alles durch. Na, und dann sah er das Tantchen, kletterte gleich zu ihr rauf und sagte so: »Wer ist«, sagte er, »bitte schön, dies tote Madamchen?« Worauf die Vettern, in diskretem Chor, antworteten: »Es ist Arafa Gutz, unser Tantchen ersten Grades.«

»Erster Grad, zweiter Grad«, sagte der Posten, »aber warum, hol's der Teufel, gibt sie keinen Ton?«

»Weil sie, Ehrenwort, schlummert. Und vielleicht dürfen wir, Pan Kapitän, um Ruhe bitten für eine schlummernde Dame.«

»Gut«, sagte der Posten, »alles genehmigt, aber wer garantiert mir, daß euer Tantchen ersten Grades nicht beispielsweise verschieden ist?«

»Wenn sie«, sagten die Vettern, »verschieden wäre, könnte sie nicht schlummern, und unser Tantchen schlummert.« Der Posten überlegte, und da ihm die Logik zusagte, ließ er die Kutsche passieren.

Und die Vettern Urmoneit fuhren die ganze Nacht und kamen am Morgen in ein Dörfchen, welches Kulkaken hieß. Sie waren, wie man ihnen nachfühlen wird, ungewöhnlich hungrig – hatten ja lange genug gedarbt, die Vetterchen –, und darum stellten sie die Kutsche mit dem Tantchen vor einem Wirtshaus ab und gingen ins Haus, um sich zu stärken für den Rest des Weges. Hieben also ungeheuer drauf los, aßen Speck, Eier, Rauchfleisch, Kohlsuppe, Honig, Zwiebelkuchen und eingemachte Birnen, und außerdem tranken sie eine riesige Kanne Kaffee. Aßen beiläufig den halben Vormittag, die beiden, und als sie hinausgingen – ja, was mag da wohl passiert sein, als sie hinausgingen: die Pferde waren weg. Und mit den Pferden war die Kutsche weg, und mit der Kutsche das Tantchen.

Na, die Vettern sprangen, sagen wir mal, wie wilde Handfeger ums Haus, suchten und wedelten, schimpften und riefen, aber was nicht wiederkam: es war die Kutsche mit der Tante.

Nachdem sie sich müde und hungrig gesucht hatten, gingen sie abermals ins Haus und aßen, und nach dem Essen lächelte Bogdan auch schon wieder, lächelte eine ganze Weile, und dann sagte er so: »Wir haben«, sagte er, »Trost bei allem. Stell dir nur, Brüderchen, vor den Dieb unserer Kutsche. Nimm etwa seinen Schrecken: muß der nicht groß gewesen sein? Oder nimm seine Hand: muß die nicht schlimm gezittert haben, als er das tote Tantchen entdeckte?«

So trösteten sie einander, lachten über den Dieb und brachen, wie man es sich denken wird, erst ziemlich spät auf nach Suleyken. Sie schritten über die Wiesen, um den Weg abzukürzen, erstiegen den Damm der Kleinbahn und wurden bald ansichtig der Lichter Suleykens. Wurden aber auch einiger Menschen ansichtig, die beiden, und trauten sich nicht zu hören, was ihnen diese Menschen erzählten. Sie erzählten nämlich, daß nachmittags, so zur Kaffeezeit, Tante Arafa zurückgekommen sei, hinten in der Kutsche habe sie gelegen und geschlummert. Und als ob sie verschieden sei, so habe sie ausgesehen.

Die Urmoneits, schlau wie sie waren, begriffen augenblicklich, daß es den Pferden in Kulkaken zu langweilig geworden war. Hatten einfach keine Lust mehr zu warten und waren allein losgezogen. »Du wirst«, sprach Bogdan, »sehen: die Pferde werden sein im Stall.« Und sie eilten, angerührt von zehrender Sorge, nach Hause.

Kaum waren sie auf dem Hof, wer lief ihnen über den Weg? Glumskopp, ein alter, zahnloser Knecht. Er lachte, dieser Mensch, von einem Ohr zum ändern, rieb sich die Hände und ließ sich, in seiner mümmelnden Art, so vernehmen: »Ein Fest, hehehe, wir werden zu feiern haben ein Fest. Und es wird zu essen geben Heringe in Schmand.«

»Wer hat«, sagte Bogdan, »anberaumt dieses Fest?«

»Das Fest«, mümmelte Glumskopp, »hat anberaumt das liebe Gottchen, hehehe. Er hat sterben lassen die Alte, und er wird, wie ich ihn kenne, sorgen für ein angenehmes Begräbnis.«

Die Vettern schoben ihn höflich zur Seite und betraten das von Trauer heimgesuchte Haus. Es roch nach Braten und Gebackenem und Geräuchertem und wer weiß nicht was allem. Aber die Urmoneits überwanden sich und gingen selbander in die Stube. Gingen hinein und wurden, als besonders Leidtragende, gleich umringt von zahlreicher Trauergesellschaft, Hände streckten sich ihnen entgegen, Lippen beugten sich herab; man sprach vom Tantchen als einer zarten, lieblichen Nelke, man flüsterte leise und weinte geläufig, gab sich Trost, soviel man nötig hatte, und nahm an einem langen Tisch Platz.

Die Vettern bemerkten, daß unter dem Fenster, noch von Tüchern verdeckt, die Instrumente einer Blaskapelle lagen: es war alles bereit. Gut. Aber erst einmal erhob sich Bogdan Urmoneit und sprach folgendermaßen: »Wir sollten«, sprach er, »ein ganz kleines Weilchen an den denken, der verschieden ist: unser Tantchen Arafa ... noch etwas länger, wenn ich bitten darf ... noch etwas ... so, jetzt ist gut. Und nun frage ich: wo ist unser Tantchen?«

»Verschieden«, rief jemand von der Kapelle.

»Nein«, sagte Bogdan ernsthaft, »ich meine, wo ist ihr Leib?«

»Ihr Leib«, sprach ein einäugiger Förster, »ist nicht mehr zu besichtigen. Was sterblich ist an ihr: wir haben es gelegt in einen entsprechenden Sarg. Und den Sarg, damit mehr Platz ist im Haus, haben wir hochkant gestellt, gegen den

Ofen. Da steht der Leib bequem.« Bogdan nickte. Aber er nickte abwesend, denn er hatte unter den trauernden Gästen jemand bemerkt, der sein Herz irgendwie – sagen wir mal: hold – berührte. Blühte mächtig drauflos, Bogdans Herz, begann sogar zu ranken, na, es rankte sich hold herum um die Gestalt einer gewissen Luise Luschinski, einer blassen, kleinen Person mit verweintem Vogelgesicht.

Bogdan vergaß, was um ihn vorging. Er lächelte der Luise Luschinski mit einer so ungeheuren Innigkeit zu, daß die ganze Gesellschaft es verfolgte. Die Musiker natürlich, immer hungrig dieses Volk, faßten das gleich wieder falsch auf, holten sachte ihre Instrumente hervor und begannen, einen langsamen Walzer zu spielen. Die Klänge jedoch, sie bewirkten, daß Bogdan zu lächeln aufhörte und sich, ruckartig, mit Trauer versah. Aber zu spät, zu spät: alles hatte schon seinen Anfang genommen.

Das Glück, es näherte sich ihm auf den kleinen Füßen der Luise Luschinski. Als ob die Musik sie herangeweht hätte, die kleine blasse Person, stand sie plötzlich vor ihm und sprach: »Dieser Walzer, Bogdan Urmoneit, er gehört dir.«

Worauf Bogdan sich unschlüssig umsah und, als er die zustimmenden, ja auffordernden Blicke der Trauergesellschaft bemerkte, antwortete: »Genehmigt. Aber wenn ich bitten darf, nur ganz langsam.«

Schwebten also los die beiden, und, wie man es erwartet hat, folgten ihnen bald andere Paare. Die Musik wurde lauter, hier und da ließ sich schon Lachen vernehmen, unter anderem das mümmelnde Lachen von Glumskopp – mit einem

Wort: die Gesellschaft verschaffte sich Durst. Und Hunger, versteht sich. Durstete und hungerte so lange, bis der einäugige Förster aus der Küche zurückkam und rief: »Hosianna«, rief er, »der Hirsch ist tot.«

So, und dann wurde gegessen. Was gegessen wurde? Ich brauch' nur zu erzählen von mir: obzwar jung und unmündig, verzehrte ich acht Spiegeleier mit fettem Speck, fünf Klopse, etwas vom Hasen, einen Entenhals, einen Teller Blutsauer mit Gekröse vom Huhn, einen Teller Fleck, ein halbes Schweineohr und einige Bratäpfel. Dazu aß ich gebackene Zwiebeln, einen gerösteten Fisch und am späten Abend ein paar Flußkrebse, die der alte Glumskopp gefangen hatte. Ich war, wie gesagt, jung und unmündig.

Zuerst also wurde gegessen, und nachdem man gegessen hatte, wurde getrunken, und der Trunk, wie er's so in sich hat, rief ein Ereignis hervor, das nicht anders genannt zu werden verdient als – aber zuerst das Ereignis. Edmund Vortz, ein Schneider, behauptete, nachdem er getrunken hatte, allen Ernstes, daß Hindenburg in seinen Augen nicht gebildeter gewesen sei als ein Suleyker Huhn. Darauf erhob sich ein kolossaler Lärm. Der einäugige Jäger sprang auf und schlug den Schneider dermaßen vor die Brust, daß der Beleidiger unter den Tisch flog und eine Weile, ohne ein Zeichen von Leben, liegenblieb. Schon wollte man ihn vergessen, da krähte er schon wieder, daß er selbst, Edmund Vortz, die Schlacht von Tannenberg noch besser gewonnen hätte – was wieder den einäugigen Förster auf den Plan rief. Er schlug den Schneider abermals nieder, wurde, nachdem die Ohnmacht vorbei war, wieder herausgefordert – es war nicht mehr viel übrig von dem Schneider, und es wäre noch weniger übriggeblieben, wenn nicht Bogdan dem Streit ein Ende gemacht hätte. Er sagte nur: »Tante Arafa«, und augenblicklich legte sich ein sinnender Friede über die Gesellschaft. Aber das Ereignis, es verdient nicht anders genannt zu werden als: ernst.

Was das Begräbnis betrifft: es hat, zwischendurch, auch mal stattgefunden. Tante Arafa erhielt ein schönes Grab, gleich neben einer masurischen Kiefer. Die Gesellschaft lobte das Plätzchen, sprach rührende Worte zum Tantchen hinunter und ging wieder nach Hause, wo das Fest einen erquicklichen Fortgang nahm. Drei Tage war man zusammen, und zum Schluß schenkte Bogdan jedem etwas von den Speisen, die übriggeblieben waren, und dazu ein ganzes Stück Seife. Und alle, die gekommen waren, sahen über den Streit hinweg und versicherten ungefähr wörtlich: es war, insgesamt, ein angenehmes Begräbnis.

Elke Heidenreich

Wurst und Liebe

Harry hatte damals gerade die Filmhochschule beendet, und zwar mit Bravour, da bekam er die Chance, seinen ersten eigenen Film zu drehen. Fördergelder waren zugebilligt worden, ein Team stand zur Verfügung, und es gab die Zusage des Senders, den Film zu unterstützen und schließlich zu zeigen. Das war Mitte der 70er Jahre. Wir studierten damals alle Theaterwissenschaft, und Harry war noch zusätzlich auf die Filmhochschule gegangen.

Harry glühte. Er saß in unserer Küche und erfand den Film neu, er entwickelte sonderbare Liebesgeschichten, tiefgründige Dramen, doppelbödige Komödien und schließlich einen handfesten Krimi.

»Das wollen sie sehen«, sagte er, »das brauchen sie immer, ich muss gleich etwas liefern, mit dem ich voll einsteige, erst mal ein kommerzieller Erfolg, dann kann ich immer noch Träume verwirklichen.«

Harry ist Realist, nicht umsonst sitzt er inzwischen tatsächlich in Santa Monica und kennt schon Dustin Hoffman. Harry wusste immer, was er wollte: ein großer Regisseur werden. Als Kind hatte er mit einer alten Super acht den Tag an einer der Würstchenbuden seines Vaters festgehalten, die Penner, die da ihr Bier tranken, die Büroangestellten, die sich abends ihre Currywurst mit Pommes rot-weiß reinstopften, die Hausfrauen mit dem Häppchen zwischendurch – Harry hatte sie alle auf Super acht, mit Ton und Musik unterlegt, das war das Leben, das war sein Leben.

Ein Krimi also. Aber mit Liebe. Ein Schüler-Lehrer-Krimi, das Milieu war ihm selbst noch nah, das kannte er, Schüler liebt Lehrerin, nein, besser: Lehrer liebt Schülerin, verführt sie, Freund wird eifersüchtig, Mord, Aufklärung, Tränen, Liebe und Tod, herrlich.

Er machte sich ans Drehbuchschreiben, aber das war nicht seine Stärke. Harry ist ein Mann der Bilder, und in unserer Küche war er durchaus auch ein Mann des Wortes, aber ein Drehbuch – das ist schon was anderes, und wir Freunde mussten mit ran. Wir entwarfen die Geschichte mit ihm zusammen, wir bastelten an den Dialogen herum, machten Vorschläge, er änderte, wir tranken algerischen Tafelrotwein und matschten uns klebrige Tomaten-Käse-Toasts zusammen. Das Drehbuch wuchs, nahm Gestalt an, der Redakteur des Senders war entzückt. Ein erfahrener Schauspieler wurde als Lehrer engagiert, eine blutjunge und wunderschöne Schauspielerin als Schülerin, und irgendwann stand das ganze Projekt tatsächlich vor Drehbeginn.

Harry war selig, aufgeregt, voll in Fahrt und Form. Aber irgendetwas fehlte ihm noch.

»Ich weiß nicht, was«, sagte er, »aber es fehlt etwas, es fehlt eine Idee für den Anfang. Ich kann sie doch nicht einfach in der Klasse sitzen lassen und sie schwärmt ihn an. Doris, was macht ein Mädchen mit siebzehn, wenn es verliebt ist?«, fragte er mich.

Was für eine Frage! Ich wundere mich immer wieder darüber, dass es tatsächlich noch zu Liebesbeziehungen zwischen Männern und Frauen kommt, obwohl sie doch derart wenig voneinander wissen. Ich war mit siebzehn so verliebt, dass ich daran sterben wollte. Er war Geiger, ein blasser, blonder Mensch, und er war so still, wie ich lebhaft war. Deshalb liebte ich ihn ja, alles an ihm war anders als an mir, und wenn man jung ist, liebt man das andere. Später sucht man Gleiches, sucht Ruhe, Verstehen, Harmonie, Übereinstimmung. Aber mit siebzehn muss alles neu und anders und unerhört sein. Ich spielte schlecht Klavier, er spielte hinreißend Geige. Ich war so jung und unerfahren, er war über dreißig, hatte eine feste Freundin im Orchester und eine Affäre mit einer Spanischlehrerin, die große Hüte trug. Aber mit mir machte er lange Spaziergänge, hielt meine Hand und nannte mich Prinzessin. Er nahm mich mit in seine Wohnung und spielte mir auf seiner Geige Tschaikowskij vor und Brahms, und mein Herz zitterte und ich hätte ihn gern sofort geheiratet, aber daran war natürlich nicht zu denken, ich stand zwei Jahre vor dem Abitur. Wir schliefen ja nicht einmal miteinander – es waren die 6oer Jahre! Gerade, dass wir uns ab und zu küssten. Ich schrieb Tagebücher voll seinetwegen, über ihn, an ihn. »Heute habe ich dich gesehen und der Tag ist vergoldet«, schrieb ich. Ich dichtete Verse: »So ist zuletzt doch alles nur ein Warten auf deine Liebe und auf dich, so tief, unsagbar tief erfüllst du mich wie Duft von zu viel Blumen einen engen Garten«.

Heute denke ich, etwas Ähnliches muss ich irgendwo gelesen und vielleicht abgeschrieben oder umgedichtet haben, damals schienen aber alle Gefühle nur aus mir selbst zu kommen, kein anderer Mensch fühlte wie ich, und da verwischt sich Angelesenes mit den Träumen.

Einen engen Garten … nicht schlecht, ich las es Harry vor, und er war begeistert.

»Wunderbar«, rief er, »solche Schmalzgedichte muss sie dem Lehrer schreiben!«

Und es ist nicht so, als hätte es mir nicht doch noch einen kleinen wehen Stich ins Herz gegeben, nach all den Jahren.

»Ich färbte dir den Himmel brombeern mit meinem Herzblut, aber du kamst nie mit dem Abend – ich stand in goldenen Schuhen«, sagte ich, und Harry wälzte sich auf dem Teppich vor Vergnügen. »Goldene Schuhe, ich werd nicht mehr!«, lachte er, »das ist große Klasse, hörst du das, Otto? In goldenen Herzensschuhen stehen die Frauen und warten auf uns, komm, schreib das auf, Doris, genau so soll sie ihn anschmachten.«

»Else Lasker-Schüler«, sagte ich kühl, »Das ist nicht von mir, das ist von Else Lasker-Schüler«, und er fragte: »Kenn ich die? Studiert die auch Theaterwissenschaft?«

»Nein«, sagte ich schnippisch, »die kennst du nicht, Else Lasker-Schüler ist eine wunderbare große Dichterin, die verwurschtest du nicht in deinem Film.« Gegen das Wort ›verwurschten‹ war Harry, Sohn des Inhabers einer Würstchenbudenkette, allergisch. »Ich verwurschte nicht«, sagte er, »ich setze künstlerisch um.«

»Jaja«, sagte ich, »und wie nennen wir das, wenn Arthur Miller zu Marilyn Monroe sagt: ›Du bist das traurigste Mädchen, dem ich je begegnet bin‹, und sie hält das für einen ganz kostbaren, persönlichen Satz, und schon ist er, schwupp, in seinem nächsten Stück? Man nennt das verwurschten. Da seid ihr doch alle gleich.«

»Das hat Miller gemacht?«, fragte Harry, »der gerissene alte Fuchs. Komm, Doris, stell dich nicht an, das wird ein Kultfilm, wir werden alle weltberühmt, wer kennt denn schon Else Müller-Dingsbums. Los, guck deine Tagebücher durch und such mir was raus, Liebesqualen, Geseufze, Herzeleid, den ganzen Sehnsuchtskram. Pass auf, ich fang so an: Schulhof von oben, sie steht unten mit den andern Mädchen, er im zweiten Stock am Fenster, Lehrerzimmer. Er guckt runter, zack, zoom, groß auf sie, sie guckt rauf und dann höre ich, was sie denkt, verstehst du?«

»Was denkt sie?«, fragte Otto, »dass sie ihre Tage kriegt und die Lateinarbeit verhauen hat?«

»Blödmann«, sagte Harry, »sie denkt ... sie denkt, ja, das ist es eben, was denkt sie? Doris, genau das musst du schreiben: was so ein Mädchen denkt, wenn es total verliebt ist. Goldene Schuhe, Himmel färben und so, du weißt schon. Wir hören ihr quasi beim Dichten und Denken zu, komm, Doris, schreib mir das.«

»Was zahlst du?«, fragte Otto, »Herzblut kostet.«

»Mensch«, sagte Harry, »sei doch nicht immer so geschäftstüchtig. Du weißt, wie knapp der Etat ist. Doris hat das ganze Liebesgedusel doch drauf, sie muss es doch bloß abschreiben. Oder gib mir dein Tagebuch, Doris, und ich such mir die klebrigsten Stellen raus.«

»Das könnte dir so passen«, sagte ich, »niemals kommt mein Tagebuch in deine fettigen Finger.«

»Ha«, sagte er, »das ist auch gut, so mit Alliteration wie bei Wagner, wigulaweia, Wotan, woge, fasse mit fetten, fiesen Fingern freudloses Flehen ...« Und er und Otto lachten, bis ihnen die Tränen kamen, und dann steckte sich Harry eine Zigarette an, gab mir einen Abschiedskuss auf die Wange und sagte: »Also, Doris, ich verlass mich auf dich. Bis Montag.«

Es war ein rührseliges Wochenende. Ich ertrank im Seelenschmerz von damals, ich las die kurzen Zettel, die der Geiger mir geschrieben hatte – »Du meine Prinzessin«, schrieb er, »unsere Liebe schwebt sehr hoch oben auf einem wackligen Gerüst, Vorsicht, mach nicht die Augen auf, wir stürzen ab ...«

Ich las einen Packen langer Briefe, die ich mit brauner Tinte an ihn geschrieben und nie abgeschickt hatte, reich gespickt mit auf ihn hin abgewandelten Zitaten quer durch die Weltliteratur: »Du mein Geiger, dein Lächeln ist so weich und fein, wie Glanz auf altem Elfenbein, wie Heimweh, wie ein Weihnachtsschnein ... «

Was war das? Rilke? Warum erinnerte ich mich kaum noch daran, war mein jetziges Leben denn so gänzlich abgetrennt von dem des verliebten jungen Mädchens damals?

Was war mit mir passiert, wann hatte ich das alles vergessen? Ich dachte so groß damals, so kühn in eigenen und gestohlenen Bildern. Heute denke ich klein, mein Herz brennt nicht mehr und ich habe mich der Welt angepasst, anstatt die Welt meiner Leidenschaft anzupassen. Ich überlegte, wer die Schuld an all diesen Verlusten trug – das Erwachsenwerden? Das Studium? Ottos Pragmatismus? Ich sehnte mich zurück nach der törichten Beseeltheit der ersten Liebe.

Ich tastete mich Schritt für Schritt in die gefühlsselige Vergangenheit, und Otto hatte schlechte Laune und sagte: »Kochen wir nun diesen verdammten Grünkohl oder nicht?«, und ich antwortete sanft: »Koch du, Lieber, ich kann jetzt nicht, ich bin ganz woanders.« Aber ich sagte ihm dann doch, dass er zuerst Zwiebeln in Gänseschmalz andünsten müsste.

»In der herbstlichen Zeit, wie ist es so leicht, schluchzend zur Erde zu sinken«, hatte ich im Oktober 1963 geschrieben, und ich weiß noch heute, dass das von einem ungarischen Dichter ist, dessen Namen ich längst vergessen habe. Ich bin wieder siebzehn und gleich wird es klingeln, der blonde Geiger wird schmal in der Tür lehnen und flüstern: »Hallo, Prinzessin, komm, wir fliegen weg von hier.«

Damals hatte er mir, als ich seinetwegen so traurig war, geschrieben: Flüchte dich in das, was schön ist und nur dir gehört.

Was gehörte denn jetzt nur mir? Sogar meine intimsten Tagebuchaufzeichnungen sollten für einen Film verwendet werden. Warum eigentlich wollte ich das zulassen? Ich glaube, ich hatte das Gefühl, so wären sie nun doch nach so vielen Jahren noch zu etwas nütze, die Welt würde sie hören, zwar nicht wissen, dass es meine Seele war, die da aufschrie, aber doch hören, dass es eine Seele war, die schrie, oder?

Harry rief am Montag an: »Na, was macht mein Liebestext?«

»Bin dabei«, sagte ich und las ihm vor:

»Mit solchen Kronen krönst du mein Geschick. Du bist durch dich. Ich kann nicht Gleiches geben. Doch wenn ich einst, noch flammenden Gesichts, mir auch gestehen müsste, dass ich nichts dir war als nur ein flüchtger Augenblick – du warst ja doch mein ganzes junges Leben!«

Harry schwieg verblüfft.

»Bist du noch da?‹, fragte ich.

»Großer Gott«, sagte er, »ist das von dir?«

»Nein«, sagte ich, »von Rudolf G. Binding, aber ich hab's ein bisschen umgedichtet.«

»Weiter so«, sagte Harry, »mehr davon, ist mir Wurscht, ob es von einer Frau Müller-Dingsbums oder einem Herrn Bending ist – dichte es ein bisschen um, damit wir kein Theater mit den Rechten kriegen, und sieh zu, dass es sich nicht reimt. Die kann ja schließlich nicht dauernd in Versen denken, wenn du verstehst, was ich meine. Lass diese Kronen und das Geschick und flüchtger Augenblick und so, lass das alles weg, lass sie bloß denken: ich bin dir nur ein Augenblick, und du – du bist – was war er noch mal?«

»Du warst ja doch mein ganzes junges Leben«, sagte ich matt.

»Genau«, sagte Harry, »aber nicht ›warst‹, die Affäre kommt ja gerade erst ins Rollen, ›bist‹ muss es heißen, du bist ja doch und so weiter. Herrlich, und das leg ich dann unter den ganzen Vorspann, weißt du, sie geht über den Schulhof, guckt hoch, er guckt zufällig runter und dann –«

»Und dann zack, zoom«, sagte ich, »er sieht sie, und wir hören, was sie denkt.«

»Genau!«, schrie Harry ins Telefon, »woher weißt du das?« »Hast du schon erzählt«, sagte ich, und Otto rief aus der Küche: »Frag ihn, was er zahlt! Der soll nicht denken, er kriegt alles umsonst.«

»Was will er?«, fragte Harry, und ich sagte: »Bis morgen abend ist es fertig.«

Ich las den ganzen Montag, die ganze Nacht hindurch. Ich tauchte zurück in mich als Siebzehnjährige und fand Gedanken, an die ich mich nicht mehr erinnerte, Gefühle, die mich einmal gewärmt hatten, ich sah mich wieder so mager und immer ganz in Schwarz, ketterauchend und mit viel zu hohen Absätzen, blass neben meinem bleichen Geiger, der mich ansah und sagte: »Ach, Prinzessin, du bist zu jung ...« und ich sagte: »Ich komme mir vor wie ein Baum im Frühlingswind, der zerbrechen wird, wenn der Sturm kommt.« Und ich schrieb bei Rilke ab: »Wenn ich gewachsen wäre irgendwo, wo leichtere Tage sind und schlanke Stunden, ich hätte dir ein großes Fest erfunden, und meine Hände hielten dich nicht so, wie sie dich manchmal halten, hart und bang.«

Kein Wunder, dass er mich damals verlassen hat, ach, was gäbe ich darum, ihn heute noch einmal wiederzusehen und ihm zu erklären, was das ist, ein siebzehnjähriges Mädchen. Ich schrieb den Sehnsuchtstext für Harry aus allen Gedichten, Briefen und Tagebuchaufzeichnungen jener Zeit zusammen, und er begann so:

»Mein Liebster, ich seh dich an mit meinen Herzensaugen, durchs Meer der Träume bin ich auf dich zugegangen, lass jetzt meine Flügel nicht an deinem steinernen Herzen brechen! Ich möchte immer nur von Liebe zu dir reden, aber du und ich, wir wissen ja, wenn die Liebe spricht, spricht, ach die Liebe nicht mehr. Du bist mir alles, und ich bin für dich nur ein Augenblick ...«

»Das ist ganz, ganz große Klasse«, sagte Harry ergriffen, »steinernes Herz, Meer der Träume, wie kommt ihr Frauen bloß immer auf sowas? Genauso stell ich mir das vor, und dann guckt sie hoch und – «

»... und zack, zoom«, sagte Otto. »Mein Gott, Doris, hast du dem armen Kerl damals wirklich solche Briefe geschrieben?« Und Harry sagte: »Es ist grandios, ich hätte das nie so schreiben können, was weiß man schließlich schon von den Weibern, und es passt genau in meinen Film. Doris, du bist eine Wucht.«

Er wollte mich küssen, aber ich bog den Kopf leicht weg und dachte: »Was weißt denn du. Was weißt du denn schon. Dir hat nie jemand solche Briefe geschrieben, dir wird nie jemand solche Briefe schreiben, und all deinen Filmen wird immer das Herz fehlen. Dein Herz, Harry, wird den Sommer der Liebe nur aus verdunkelten Schneideräumen kennen.« Nun, um es kurz zu machen: Schon Harrys erster Film wurde ein durchschlagender Erfolg – Grimme-Preis, Goldene Kamera, Preis der evangelischen Filmkritik, und heute sitzt Harry, wie gesagt, in Santa Monica und kennt nicht nur Dustin Hoffman, sondern sogar Clint Eastwood, und mit Winona Ryder hat er auch schon einen Film gedreht.

Ich aber hörte damals, vor mehr als zwanzig Jahren, im Fernsehen meine Worte, von der so jungen, schönen Schauspielerin geflüstert, während sie zum Fenster hochsah, an dem der Lehrer stand und nachdenklich nach unten auf den Schulhof schaute, und dann, zack, zoom – und ich dachte: Vielleicht sitzt jetzt irgendwo mein junger, nein, nun alter Geiger vor dem Fernseher und die Worte kommen ihm bekannt vor, dringen durch seine Haut, schmelzen etwas in seinem Innern und er wird – ach nein, er kann sie ja nicht kennen, ich hab den Brief doch niemals abgeschickt. Ich hab ihn nicht einmal geschrieben, nur jetzt, nur für diesen Film, ich habe ihn aus den echten Gefühlen und den geklauten Zitaten von damals konstruiert, und nun hören ihn acht Millionen Zuschauer. Werden sie etwas dabei empfinden? Werden sie lachen? Oder sich erinnern an die Zeit, als die Gefühle noch so groß und leuchtend waren wie der Vollmond an den Sommerabenden im Süden?

Als ich zwei Wochen nach der Ausstrahlung des Films im Fernsehen in unsere Küche kam, stand da eine große, altmodische, gusseiserne Wurstschneidemaschine, und Otto säbelte gerade millimeterdünne Scheiben von einer ungarischen Salami ab.

»Was ist das?«, fragte ich, »woher hast du die?«

»Das«, sagte Otto, »ist die tollste Wurst- und Schinken-schneidemaschine der Welt, sie hat Harrys Großvater ge-hört, und Harry hat sie vorhin gebracht, als Bezahlung für deinen Liebestext. Ist das okay so? Ich finde es total okay.«

Ich fand es auch in Ordnung. Warum nicht. An der Wurstschneidemaschine war nichts auszusetzen.

Aber immer, wenn wir damit Schinken, Mortadella oder Salami schnitten, gab es einen leisen Schmerz in mei-ner Brust, als wäre es mein eigenes Herz, das da von dieser Wurstmaschine in hauchdünne Scheiben geschnitten würde.

Als ich Otto kurz danach verließ, nahm ich die Wurst-schneidemaschine nicht mit. Er war sehr froh darüber, dass wenigstens sie bei ihm blieb.

Selim Özdogan

Die Mütze meines Opas

Es liegt ein Trost in der hinduistischen Vorstellung, dass die Dinge der äußeren Welt nur eine Illusion sind. Denn wer lebt, verliert. Meistens eher beiläufig, Feuerzeuge, Kugelschreiber, Socken, Münzen, manchmal gähnt man vor Langeweile, wenn schon wieder eine Büroklammer spurlos verschwunden ist. Doch ab und an kommen einem Dinge abhanden, deren Verlust schmerzt. Je mehr du besitzt, desto mehr besitzt dich und kettet dich an diese Welt, je mehr dein Herz an Andenken, Erbstücken, Kuscheltieren und Glücksbringern hängt, desto schwerer wird es.

Ich weiß nicht, was mit der Mütze meines Opas nach seinem Tod passiert ist. Damals bin ich noch nicht mal auf die Idee gekommen, danach zu fragen, und selbst wenn es mir eingefallen wäre, hätte ich wahrscheinlich nicht darum gebeten, sie als Erinnerung haben zu dürfen. Ich versuche zu vermeiden, Dinge anzuhäufen, die verloren gehen können. Oder einen nach Jahren nur noch vor Langeweile gähnen lassen.

Es war eine dunkelgraue Stoffmütze mit Schirm, wie sie die Männer aus ländlichen Gegenden in der Türkei öfter tragen. Ich kann mich nur an seltene Gelegenheiten erinnern, bei denen mein Opa sie nicht trug, wenn er draußen war. Doch im Haus ließ er sie gerne auf dem Diwan liegen, auf dem Kühlschrank, dem Radio, später dem Fernseher, irgendwo, wo er sie schnell finden konnte.

Ich muss vier oder fünf Jahre alt gewesen sein, als ich sie zum ersten Mal unbeobachtet in die Hand nahm. Ich hatte nicht das Gefühl, etwas Verbotenes zu tun, aber ich wollte auch nicht entdeckt werden. Was ich tat, erschien mir sehr intim, und ich hatte eine Ahnung von der Scham, die mich überkommen würde, sollte mich jemand so sehen. Diese Mütze trug er den ganzen Tag auf dem Kopf, sie war ein Teil von ihm. Ich nahm sie in die Hand, untersuchte die speckigen Ränder, wunderte mich über die gefalteten Zeitungsstreifen, die mein Opa unter den Saum geschoben hatte. Dann führte ich die Mütze vorsichtig an meine Nase. Seitdem habe ich diesen Geruch nie wieder vergessen. Es roch nach Leder, Schweiß, Talg, Papier, Druckerschwärze, Holz. Ein brauner, erdiger Geruch, ein wenig stumpf, ein wenig säuerlich, aber kein bisschen muffig, wie alte Männer schon mal riechen. Nicht nur die Mütze, auch der strenge Körpergeruch meines Opas ist mir nie muffig vorgekommen. Ich habe das später darauf zurückgeführt, dass er immer viel an der frischen Luft gearbeitet hat, bis kurz vor seinem Tod hat er sich noch um den Garten gekümmert und ist Moped gefahren. Es kam kaum vor, dass er drinnen saß und vor Langeweile gähnte.

Möglicherweise hat er sich im Laufe der Jahre eine neue Mütze gekauft, doch dann war es genau die Gleiche, und er hatte den Winter und den Frühling über Zeit, sie zu tragen, sodass ich sie in den Sommerferien, wenn wir ihn besuchten, nicht von der anderen unterscheiden konnte. In meiner Vorstellung ist es über zwanzig Jahre lang dieselbe Mütze gewesen, was nicht sein kann, aber es war zwanzig Jahre lang immer derselbe Geruch, den ich so nie mehr gefunden habe und an dem so viele Erinnerungen für mich hängen.

Eines Tages traute ich mich, meine Großmutter zu fragen, was es mit der Zeitung unter dem Saum auf sich hatte. Und sie erzählte mir, die Zeitung würde verhindern, dass die Mütze stank. Dann gähnte sie. Wahrscheinlich aus Langeweile.

Die Mütze symbolisierte für mich alles, was ich an meinem Opa liebte und schätzte, und der Geruch war die Seele der Mütze. Manchmal sehe ich ähnliche Mützen, aber sie bedeuten mir nichts, setzen noch nicht mal Bilder in meinem Kopf frei. Doch es passiert, dass ich etwas rieche, das mich an diesen Duft erinnert, brüchiges Leder, an dem Lehm klebt, der Schweiß eines alten Mannes, der mich umarmt, das Baumhaus meines Neffen nach dem Regen, der Mundgeruch eines Boulespielers, der vor Langeweile gähnt. Dann kann ich meinem Opa nah sein, ich kann ihn fühlen, ich werde warm und weich. Es liegt ein Trost darin, dass das ohne die Mütze funktioniert, es liegt etwas Erhabenes in der Vorstellung, dass der Geruch in einer anderen Welt immer noch existiert, immer existiert hat und immer existieren wird.

Kurt Tucholsky

Vom Urlaub zurück

Wenn einer vom Urlaub zurückkommt, dann ist er noch gar nicht da, wenn er da schon da ist. »Na, wie wars?«, sagen die andern. »Sie sehn aber schön erholt aus! Gutes Wetter gehabt?« Darauf fängt er an zu erzählen. Wenn er aber Ohren hat, zu hören, so merkt er, dass die Frage eigentlich mehr gesellschaftlicher Natur war – so genau wollen es die andern gar nicht wissen. Und dann bricht er seine Erzählung mit allen ihren Einzelheiten bald ab. Schon deshalb, weil man ja hier keinem klarmachen kann, warum die eine Bergtour beim besten Willen nie zu machen war, und dass das ganze Haus so furchtbar über Fräulein Glienicke und über die Ziegen lachen musste … davon wissen die hier nichts. Woher sollen sie das auch wissen!

Wenn einer vom Urlaub zurückgekehrt ist, gehört er in den ersten beiden Tagen noch nicht so recht zum Betrieb. Während seiner Abwesenheit haben sich vielerlei kleine Sachen ereignet, von denen er natürlich nicht unterrichtet ist, und so versteht er manche Anspielungen nicht, er weiß nicht, dass Bader nicht mehr bei der Abteilung IIIb ist, sondern sich mit Koch verkracht hat, er sitzt jetzt in der Wirtschaftsabteilung, und da werden sie ihn vielleicht auch bald herausschmeißen. Das weiß er alles nicht, noch nicht, nicht mehr – und etwas mitleidig wird er informiert. In dem Ton der Zuhausegebliebenen schwingt ein wenig jener Ton mit, den sonst ›alte erfahrene Beamte‹ einem Neuling gegenüber anzuwenden pflegen. In den ersten beiden Tagen geht der Betrieb über den Kopf des Ex-Urlaubers hinweg: die andern wissen alles, er weiß nur die Hälfte. Die da werfen sich die Bälle zu – er fängt sie nicht.

In seinen Gesprächen flackert, also da kannst du nichts machen, immer noch der Urlaub auf. Einmal denkt er: »Heute vor acht Tagen ...«, aber da klingelt das Telefon, und die Erinnerung zerstiebt. Dann kommt wieder einer vorbei, stellt die üblichen Fragen, und er antwortet. »Danke – nur viel zu kurz! So – Sie gehen jetzt auch auf Urlaub?« Aber das interessiert wieder den ehemaligen Urlauber nicht mehr.

In diesen ersten Tagen geht die Arbeit eigentlich nicht leichter als vor dem Urlaub; sie geht eher etwas schwerer vonstatten. Die Lungen sind noch voll frischer Luft, der Körper hat noch den Rhythmus des Schwimmens und des Laufens in sich, die Haut fühlt sich in den Stadtkleidern noch nicht wohl, und der Hals nicht im Kragen. Das Auge sieht zum Hof hinaus; wenn man den Kopf dreht, kann man ein Stückchen blauen Himmel sehn. Übrigens ist er heute nicht blau, es regnet. Aber der Regen im Freien, das war doch ganz etwas anderes.

Sitzt er noch fest in seiner Stellung? Er sitzt noch fest. Doch braucht man nur mal auf Urlaub zu gehen, gleich machen sie Dummheiten (Melodie: »Ohne mich geht der ganze Betrieb zugrunde!«). Das war ja alles sehr schön und gut, da in Riesenhausen an der Dassel, die Bäume haben gerauscht, auf der Veranda haben wir Skat gespielt, aber unterdessen haben die hier ... »Müller! Wo sind die A-Belege?« Die Schweinerei hört von heute ab auf; *WIR* sind wieder da.

Das dauert gut und gern seine drei, vier Tage. Dann haben sich die andern an den Zurückgekehrten gewöhnt; er gehört nun schon wieder dazu, er ist da, er erlebt es alles mit, nichts kittet so aneinander wie gemeinschaftliches Arbeits-Erlebnis. Das kommt gleich nach der Liebe und nach der Gottbehüte Verwandtschaft.

Nach sechs Tagen fragt ihn kein Mensch mehr nach dem Urlaub, nun kommen auch die letzten Sommerurlauber zurück, alle sind wieder da und fangen ganz langsam an, sich auf den nächsten Urlaub zu freuen.

Georg Magirius

Von einem, der aufstand,
das Kuchenessen zu lehren

Dem Mann, von dem hier die Rede ist, war früher manchmal übel geworden. Das geschah, wenn Abschied gefeiert wurde. Bereits als Kind hatte er nicht verstanden, wieso man Lebewohl sagen sollte. »Zum letzten Ferientag darfst du dir noch etwas wünschen!«, sagte die Mutter. Ihm fiel nichts ein. Im Magen breitete sich eine Leere aus, weil er an den ersten Schultag nach den Sommerferien denken musste. Überhaupt die Sache mit dem Sommer. Andere sagten: »Der Herbst mit seinen Blätterfarben ist doch auch nicht schlecht.« Ihm aber wurde mulmig, wenn er daran dachte, dass die Blätter bald schon nicht mehr leuchten würden, sondern auf dem Boden lagen und vermoderten.

Entdeckte der Mann noch im Sommer den ersten Zwetschgenkuchen, ärgerte er sich: »Kann man damit nicht warten, bis die Früchte wirklich süß geworden sind?« Nicht dass er Zwetschgenkuchen nicht mochte. Nur erzählte ihm dieser Kuchen auch davon, dass der Abschied von der steten sommerlichen Zeit anstand. Feiern wollte er das nicht. Als Kind hätte er im Sommerurlaub den letzten Tag am liebsten geschwänzt, dieses ständige *Noch ein letztes Mal:* Die frische Luft noch ein letztes Mal einatmen, noch ein letztes Mal Heidelbeerkuchen essen, ein letztes Mal ins Freibad hüpfen, einmal noch schwimmen und vom Becken aus den Fichtenwäldern auf den Berghängen ringsum zuwinken.

So weigerte er sich, beim Abschied fröhlich zu lachen. War er im Winter angelangt, konnte sich alles das in einer anderen Tonart wiederholen. Er saß vor dem schimmernden Weihnachtsbaum, am besten täglich. Selbst wenn dieser längst nadelte, hätte er ihn der Müllabfuhr am liebsten wieder entrissen. Das Räuchermännchen, ein Hirte, blies die Pfeife häufig noch bis Februar. Und manche Engelsfigur segelte durch den sich kringelnden Qualm. Wehmut? Das war für ihn normal. Das Leben war eben eine stetig abwechselnde Folge von Glück und Verlust. Und in den schönsten Augenblicken des Lebens wäre er gern geblieben, für immer. Was war daran unnatürlich? Neuerdings aber war man auf seine Wehmut aufmerksam geworden. Lehrer mit psychologischer Zusatzausbildung, Mediziner und die Zunft der Trauerfachleute hatten ihn ins Visier genommen: »Ein schwerer Fall!« Zu dieser Einschätzung kam man auch deshalb, weil ein neues Zeitalter eingeläutet worden war. Theorien und Praktiken waren in Umlauf, die das Leben möglichst schmerzfrei machen sollten. Selbstverständlich wurde der Schmerz nicht geleugnet, nur gelte es ihn zu verwandeln. Ein Satz wurde geboren, der bald als klassisch gelten sollte: »Man muss lernen loszulassen.« Wer das Abschiednehmen trainiere, hieß das, würde es irgendwann sogar genießen können.

Und die Wirksamkeit dieser Theorie würde sich an Menschen wie diesem Mann erweisen. Wenn sich sein Fluchtinstinkt in Sachen Abschiednehmen austreiben ließe, wäre das ein symbolischer Triumph: Das neue Zeitalter hätte gesiegt. Also wurde der Mann unter die Fittiche der Trauerberater genommen. Er hatte dagegen nichts einzuwenden, schließlich wollte er selber lernen, erwachsen zu werden und damit auch gesittet Abschied nehmen zu können. Er belegte viele Kurse, was mit einer nicht ganz unbeträchtlichen finanziellen Investition verbunden war. Bald hatte er Lektion eins gelernt: »Abschiednehmen ist ganz natürlich«, sprach er mit gleichmäßiger Stimme. Die Ich-Botschaft dabei durfte nicht fehlen: »Ich will lernen, richtig loszulassen.« Er betonte die Silbe los-, indem er sie wie einen Kaugummi dehnte, das war schon recht gekonnt. Inzwischen stapelten sich auf seinem Nachttisch Ratgeber. »Es gilt alle Trauerphasen zu durchlaufen«, las er. Und: »Keine Phase auslassen! So wird der Schmerz überwunden.«

Früher hatte der Mann Beerdigungen oft geschwänzt, nun ließ er kaum noch eine aus, weil sich dort das Abschiednehmen trainieren ließ. Nur das Kuchenessen danach nahm ihn noch mit. Ein Bissen schon konnte ihn an Kuchenorgien aus Kinderzeiten erinnern. Dann breitete sich wieder diese süße Wehmut in ihm aus. Fast wären ihm Tränen gekommen – doch nein! »Weinen bitteschön am Grab! Im Café danach darf man durchaus schon einmal fröhlich sein«, sagte er sich. Denn beim Trauern sollte alles seine Ordnung haben. So versuchte er mitzulachen, wenn beim Kaffee danach mitunter Witze erzählt wurden. Der Trauer ein Ventil zu geben, wusste er, war nicht unbedeutend. Es war als Merksatz eingerahmt gewesen in dem wissenschaftlichen Standardwerk: *Trauern in allen Einzelheiten*. Den Hinweis mit dem Lachen hatte er unter der ausführlich besprochenen *Trauerphase II/ Kapitel 4/Ziffer C* entdeckt.

Wenn er noch ein wenig ungelenk ins Lachen einstimmte, regte sich allerdings dezent sein schlechtes Gewissen. Das wissenschaftliche Standardwerk *Trauern in allen Einzelheiten* hatte er nämlich noch nicht zu Ende durchgearbeitet, es war aber auch ziemlich dick: 500 eng bedruckte Seiten! Trotzdem: Der Mann, der als Kind Sommerurlaube nicht enden und Weihnachtskerzen immer noch einmal anzünden wollte, hatte sich in die neue Zeit passabel eingefügt. Inzwischen hatte das Thema *Natürlich trauern* auch in den Medien seinen Siegeszug angetreten, wurde in Tageszeitungen und Illustrierten vorgestellt. Der einstige Kuchenenthusiast beteiligte sich mit Leserbriefen: »Die Trauerriten müssen auch auf andere Abschiede übertragen werden.« Das Leben nämlich bestehe aus einer Kette von Todesfällen – natürlich übertragen gemeint. Es zeige sich freundlich, wenn man am besten jeden Abschied zeremoniell begehen würde: Umzug, Stellenwechsel, Abschied vom Beruf. Nur der aktuellste Vorschlag aus der modernen Trauerwelt war dem Mann noch nicht recht geheuer. Denn auch das Ende in nicht weiter geführten Ehen und Partnerschaften sollte zeremoniell besiegelt werden. Bruch, Riss, Katastrophe? Das war das Vokabular von gestern. Stattdessen würde, lautete das Versprechen, der Schmerz dank des rituell begangenen Abschieds sich bald total natürlich und beherrschbar anfühlen.

Also feierte der Mann Abschied um Abschied. Nur manchmal, wenn er an den nahen Tod der Eltern dachte, brach zuweilen seine alte, fast überwunden geglaubte kindliche Lust am Leben durch. Er fragte sich, ob er diesen Abschied samt Trauerphasen wirklich ordentlich durchschreiten könnte. Den Zweifel wischte er weg und sprach sich einen Spitzensatz der neuen Trauerbewegung zu: »Richtig leben heißt nichts anderes als immer wieder zu sterben.«

Dann war es soweit. Sein Vater war tot. Das antrainierte Trauerrepertoire des Sohnes geriet in Verwirrung. Dumpfe Panik stieg in ihm auf, es zogen Bilder vor seinem inneren Auge vorbei, wie er als Kind mit seinem Vater im Sommerurlaub Heidelbeerkuchen um Heidelbeerkuchen gegessen hatte. Auf die Frage der Bedienung »Mit Sahne?« hatte der Vater beim ersten Mal so geantwortet, dass die Frage später kein einziges Mal mehr gestellt zu werden brauchte. An jedem Urlaubstag wiederholte sich das Heidelbeerkuchenmahl, und am nächsten Tag wieder und viele weitere Male. Und in den Weihnachtstagen hatte der Vater ihn gelehrt, in den Räuchermännchen nicht nur eine, sondern gleich mehrere Räucherkerzen zu stecken. Kein kleines, braves, ordentliches Feuerlein entwickelte sich dann, sondern ein grenzenlos anmutendes Glühen. Die Figur qualmte so sehr, dass der Bart des Männchens einmal sogar Feuer fing. Das aber war nun vorbei, sein Vater würde kein Räuchermännchen mehr anzünden. Und Heidelbeerkuchen konnte bestenfalls noch ohne ihn gegessen werden.

Der Sohn versuchte die Erinnerungsbilder zu ersticken: »Ganz natürlich Abschied nehmen«, sagte er sich. Dennoch drohte er in das von Trauerexperten sogenannte *alte Muster* zurückzufallen, diesen Trieb, Abschiede am liebsten zu schwänzen. Das über Jahre mühsam Angelernte wiederum wollte der Mann nicht aufgeben. Der ungezügelte Instinkt jedoch begann heftig in ihm herumzuhüpfen.

Was tun? Ein letztes Mal wollte er noch Hilfe suchen. Und zwar bei jemandem, der kein Wissenschaftler war. Auch nannte er sich nicht Trauerberater, hatte noch nicht einmal ein Sprechzimmer. Er nannte die zu ihm Kommenden nicht Klienten oder Patienten, sondern – Menschen. Dieser Berater empfing die Ratsuchenden am liebsten unter freiem Himmel. Als der Mann, dessen Vater gerade gestorben war, diesen Berater in einem Sommergarten-Café unter ausladenden Kastanienbäumen aufsuchte, schaute der ihn kurz an und sagte: »Komm, gehen wir!«

Der Mann zögerte, duckte sich gleichsam – und reagierte mit einem Zitat aus dem wissenschaftlichen Hauptwerk *Trauern in allen Einzelheiten,* das er inzwischen fast durchgearbeitet hatte: »Ich muss zuvor noch Abschied nehmen!« Der Gastgeber unter den Kastanienbäumen lächelte. Und winkte der Bedienung: »Bitte noch zwei Stück Heidelbeerkuchen – wie immer auf meine Rechnung.« So saßen die beiden, sagten nichts, schauten nur die Sonnenflecken an, die durch das Kastanienblätterdach hindurch auf die Cafétische

gesprungen waren und den einen oder anderen Tanz voll-
führten. Als sie sich schließlich daran machten, die Kuchen-
stücke samt der prächtig steif geschlagenen Sahne zu essen,
lächelte der eigentümliche Caféliebhaber seinen Gast schon
wieder an. Und sagte: »Lass doch die Fachleute deinen Vater
begraben.« Da machte der Mann Schluss. Und er nahm Abschied, allerdings davon, gesittet Abschied nehmen zu wollen. Dann stand er auf und rief: »Das Freibad öffnet wieder.
Weihnachtsbäume nadeln nicht. Und wer sagt, mein Vater
ist tot, der lügt.«

Lenka Reinerová

Die letzten Minuten

Wartesäle in Bahnhöfen lassen mich jedes Mal ein wenig erschaudern. Sie sind für mich vor allem Orte des Abschiednehmens. Auf die Ankunft eines nahestehenden Menschen wartet man ja zumeist geduldig in eisiger oder schwüler Zugluft direkt auf dem Bahnsteig, will das liebe Gesicht schon hinter einer Fensterscheibe im verlangsamt heranrollenden Eisenbahnwagen erblicken.

Im Wartesaal eines Bahnhofs sieht man oft einem Abschied entgegen, versucht den schwierigen Augenblick der Trennung noch ein wenig zu verdrängen. Man scherzt und lacht ein bisschen gezwungen, sorgt sich, ob die Abfahrenden mit allem Notwendigen ausgestattet sind, versucht den Aufbruch wenigstens um ein paar Minuten hinauszuschieben und gesteht sich nicht ein, dass man diesen unerträglichen Augenblick allerdings am liebsten schon hinter sich hätte.

Wartesäle in Bahnhöfen sind zumeist abweisend kalt. Ein provisorischer Aufenthaltsort zwischen Kommen und Gehen, zwischen Koffern und Rucksäcken und ständig mit meistens kaum verständlichen Bekanntmachungen, Anweisungen, Ankunfts- und Abfahrtsinformationen lautstark berieselt. Man hört sein eigenes Wort nicht und fühlt sich von dem knarrenden Lautsprecher belästigt. In modernisierten Bahnhöfen wurden in den letzten Jahren fast überall die Warteräumlichkeiten durch ein vielfältiges Angebot verschiedenartigster Imbiss- und sonstiger Schnellverköstigungseinrichtungen ersetzt. Im Prager Masarykbahnhof werden zum Beispiel in einer Teestube »an 300 Sorten« des tropischen Getränks angeboten. Das verblüffte mich, denn bei der Wahl hätte ich hier Schwierigkeiten, das für mich angenehmste Aroma zu finden.

Der Wartesaal in diesem Bahnhof, der während der Nazi-Okkupation Hiberner Bahnhof hieß, später auf Prag-Mitte umgetauft wurde und nach dem letzten politischen Umschwung nun wieder seinen alten Namen Masarykbahnhof zurückerhalten hat, fiel in den dreißiger Jahren in keinerlei Weise aus der gewohnten Reihe. Ein gleichgültig unfreundlicher Raum, der vielleicht den einzigen Vorteil hatte, dass in seinem trüben Licht ein paar unaufhaltsame Tränen unbemerkt weggewischt werden konnten. Am Ende der großen Weltwirtschaftskrise in den zwanziger Jahren des vor kurzem vergangenen Jahrhunderts konnte man dort oft sorgenvoll auf Koffern und Bündeln sitzende Slowaken antreffen, die auf der Flucht vor der Arbeitslosigkeit zu Hause ihr Glück im fernen Amerika zu finden hofften. Nicht allzu sehr später kauerten in den Wartesälen der Prager Bahnhöfe nach dem sogenannten »Münchner Diktat«, dem gemeinsamen Beschluss der bisherigen Verbündeten der Tschechoslowakei, Frankreich und England, mit ihren Gegnern, den Angreifern Hitler und Mussolini, tschechische Männer, Frauen und Kinder, die, verjagt aus den von den Nazis besetzten deutschsprachigen Grenzgebieten der Republik, verzweifelt und ratlos darauf warteten, irgendwo untergebracht zu werden. Mit ihrem Schicksal hatte niemand gerechnet, und so gab es für sie zu wenige, nur notdürftige Unterkünfte.

Als ich in den ersten Märztagen des Jahres 1939 mit einem journalistischen Auftrag für knappe zehn Tage nach Bukarest reiste, wurde ich von meiner Mutter, meiner jüngeren Schwester und einer Freundin auf den Bahnhof begleitet. Das war ungewöhnlich bei einer so kurz geplanten Reise ins Ausland. Ungewöhnlich war damals allerdings schon das ganze Leben in unserem Land. Ein Teil Böhmens war bereits Deutschland einverleibt, jeden Tag konnte man mit weiteren unguten Schritten konfrontiert werden. Es waren durchwegs böse Erwartungen, mit denen man sich zu Hause vor den Rundfunkapparat setzte und am Morgen zögernd und auf Schlimmes gefasst die Zeitung zur Hand nahm.

Meine Mutter war sehr nervös. Ihr schmales blasses Gesicht hatte etwas Verkrampftes, ihre Hände in schwarzen Handschuhen zuckten unruhig. Sie versuchte zu lächeln, aber das gelang ihr irgendwie nicht.

»Was ist los?« Ich bemühte mich, sie zu beruhigen. »Du weißt doch, es ist eine solide amerikanische Zeitung, die Baltimore Sun, die mich losschickt. Ich werde bei Freunden wohnen, mich ein bisschen in Bukarest umsehen, und in zehn Tagen hast du mich wieder zurück.«

Die großen Augen meiner Schwester Alice blitzten mit einem Mal überraschend belustigt.

»Ich sehe dich zum ersten Mal mit einem Hut auf dem Kopf«, bemerkte sie amüsiert. »Nicht schlecht. Tust du das aus Respekt vor der Redaktion in Übersee?«

»Erst in zweiter Linie. Rumänien ist bekanntlich ein Königreich, also versuche ich ein wenig Würde aufzuweisen.«

Jetzt lachte sogar auch Mutter ein bisschen. Genau das hatten wir, Alice und ich, ohne verabredet zu sein, hervorrufen wollen. So etwas klappte zwischen uns beiden meistens.

Während meines kurzen Aufenthaltes in der rumänischen Hauptstadt verlieh mir meine dunkelblaue Kopfbedeckung vielleicht wirklich ein etwas respektableres Aussehen, was damals nicht unwichtig war, aber auch keinen richtigen Vorteil brachte.

Seither laufe ich bis heute wiederum hutlos durch die Welt.

Im Warteraum des Masarykbahnhofes begann es damals schließlich über unseren Köpfen zu rasseln, und eine weibliche Stimme gab etwas bekannt. Wir konnten sie nicht verstehen, aber ein Blick auf meine Armbanduhr verriet, dass es sich um meine Zugabfahrt handeln musste.

»Es ist soweit, ich muss schon gehen.«

Die Freundin drückte mir eine Tafel Schokolade in die Hand.

Als ich Mutter umarmte, spürte ich, dass sie zitterte.

»In zehn Tagen musst du wieder auf diesen scheußlichen Bahnhof kommen, um mich abzuholen, Mama.«

Sie brachte kein Wort heraus. »Haben wir jetzt so ein neues Verabschiedungs- und Begrüßungszeremoniell?«, bemerkte Alice, warf mir ihre Arme um den Hals und schob mich schnell hinaus.

Ich eilte auf den Bahnsteig, kletterte in den Zug, warf mein Köfferchen auf den Platz und trat ans Fenster. Die drei Frauen standen vor dem Wagen. Ohne zu wissen warum, umfing ich sie mit einem Blick, der sie festhalten wollte, meine angstvolle Mutter, meine lebenslustige kleine Schwester und die solide Freundin.

Der Zug setzte sich in Bewegung. Ich blieb noch lange an dem Fenster stehen, an dem nur mehr eine Prager Vorstadt vorbeizog.

Die Befürchtungen meiner Mutter erwiesen sich als berechtigt. Meine Heimkehr aus Rumänien nach nur zehn Tagen kam nicht zustande. Denn gerade an dem zehnten Tag besetzte die deutsche Wehrmacht den Rest der Tschechoslowakei und verwandelte sie in ein »Protektorat Böhmen und Mähren«. Dort gab es für mich kein Zuhause mehr.

Nach den langen Kriegs- und Exiljahren habe ich meine Freundin noch einige Male wiedergesehen. Meine Mutter und Alice wurden von den Nazis umgebracht. Im Wartesaal des Masarykbahnhofes haben wir die letzten Minuten unseres Zusammenseins verlebt.

Wartesäle in Bahnhöfen lassen mich jedes Mal ein wenig erschaudern.

Harald Gerlach

Der gute Hirte

Nicht selten werden Begegnungen merkwürdig durch den Ort, an dem sie geschehen. Simon Petrus aus Kapharnaum trifft einen Prediger im geschützten kuttonet, den 'abaje abgelegt, am See beim Fische fangen. Das Unerwartete lässt aufmerken, der Neugierde folgen, und unversehens wird man zum Apostel.

Ein Bettler im Dreck macht nicht mehr Aufsehn, als wenn ein Fisch ins Wasser pisst, pflegte Staszek zu sagen. Wäre ich ihm in der alten Vorstadt am Flussufer begegnet, der kümmerliche Staszek, dessen schütteres Haar schulterlang den Vogelkopf umwehte, hätte unter Zigeunern und Galiziern nicht mehr aufmerken lassen als ein Katzenkopf unter Pflastersteinen. Wir prallten jedoch aufeinander in der Geschäftsstraße Ulica Asnyka. Die hat ihre Geschichte, außerdem eine Vorgeschichte, polnisch diese, jene deutsch, zum Glück oder Unglück, von wo man's besieht: dem einen sein Ei ist dem andern sein Spei, sagt Staszek.

Wir befinden uns also in Polen, in den Westgebieten, in einer Landschaft, die Bory Dolnośląskie heißt. Die kleine Stadt beheimatet zwanzigtausend Seelen, sie hat eine

Schmelzhütte, ein Chemiewerk und hält sich einigen Wohlstand zugute.

Es war Sommer und später Nachmittag, ein spazierfreudiger Feierabend. Eine schmächtige Gestalt schob sich im Krebsgang aus einem an den Kunstgewerbeladen Cepelia grenzenden Lichthof. Des dichten Gedränges wegen ging ich nahe an der Schaufensterfront und bemerkte das unvermutet aufgetauchte Hindernis zu spät, wir stießen zusammen. Staszek, dessen Namen ich freilich noch nicht wusste, blieb erschrocken stehen, tat dies auf meinem Fuß, wandte mir das Gesicht zu und lächelte verlegen.

In diesem Augenblick wurde hinter ihm ein Kreischen laut wie von ungeschmierten Wagenrädern: es war eine keifende Frauenstimme. Vor dem schmalen Lichthof liefen Leute zusammen, eine Ansammlung plötzlich entflammter Neugier.

Eine Verkäuferin, ekspedientka, sagte Staszek, im himmelblauen Nylonkittel schrie Zeter und Mord um einen Sack Altpapier, den der Mann, der jetzt auf meinem Fuß stand, hatte mitgehn lassen wollen. Der Alte stand schweigend, auf den Lippen die stumme Frage: wegen welches meiner Werke wollt ihr mich steinigen?

So begann unsere Bekanntschaft.

Staszek, städtischer Papierkorbreiniger und privater Lumpensammler, bewohnt ein graues Schlackenhaus in der Ulica Gdańska. Er hat dort ein Gärtchen mit verfallnem Ziehbrunnen, und an der Rückseite lehnt, einem Windflüchter ähnlich, der aus Lot und Winkel gewehte Schuppen. Das

Haus ist geschosslos und nicht unterkellert, ein Schwalbennest klebt unterm Traufbalken, der Türstein ist vertreten.

Ein schwermütiger Spätsommerhimmel glost über der Stadt, als Staszek mir die zwischen Angel und Haspe stumpf angeschlagene Haustür öffnet. In der Stube hantiert eine hagere Frau, dunkel, die Augen klein und rund wie Hosenknöpfe.

Das ist die Frau Bienia, sagt Staszek und macht eine unbestimmte Handbewegung.

Die Nachbarin, denke ich, oder die Haushälterin.

Die Frau Bienia würdigt uns keines Wortes, leert eine Schüssel ins Abgussrohr, geht zum Schrank, trinkt ein halbes Glas Selbstgebrannten auf einen Zug, zischt Staszek ein paar wütende Worte zu und geht grußlos aus dem Haus.

Staszek sieht ihr vom Fenster her hinterdrein. Eine böse Frau, sagt er, die Frau Bienia.

Warum, frage ich, lässt du sie kommen?

Um ein bisschen Liebe, murmelt Staszek, nicht viel heller als der Schein von einem Pfenniglicht. Aber was soll man machen?

Wir essen Grützbrei mit gerührtem Blut und trinken Selbstgebrannten.

Die Frau Bienia, sagt Staszek, hat freilich ein Maulwerk, giftig wie Kröten. Aber du musst wissen, sie ist die einzige, welche zu mir kommt. Du siehst, das wird eine Geschichte und Geschichten wollen schwimmen.

Er räumt die Teller ab: lass über Nacht kein Brot auf dem Tisch, das lockt die Toten! Und holt eine volle Flasche aus dem Schrank. Die Dunkelheit kommt jetzt ins Haus und macht sich breit in der Straße. Doch Staszek zündet die Lampe nicht an: wenn die Augen nicht wandern, hast du Ruhe zum Denken. Und dann erzählt er.

Ich bin hinterm Zaun geboren, beginnt Staszek seine Geschichte. Mama kam mit den Schnittern von Myslowitz herunter. Was hier der deutsche Gendarm war, der trug einen großen Säbel, und Mama hat sich mit ihm erkannt. Daraus bin ich geworden, Staszek, ein bisschen polnisch, ein bisschen deutsch, aber nichts richtig. Uniform und Säbel machen einen langen Arm, Mama hat die Legitimation gekriegt und Arbeit auf Dauer. Geheiratet hat sie später, aber nicht den Gendarm. In der Volksschule war ich die Polackensau. Das war bei den Deutschen. Und als die Polen kamen, fünfundvierzig, da haben sie Hakenkreuze auf meine Tür geschrieben. Viele Finger zeigen auf mich, auch die Frau von Cepelia hat nicht geschrien um ihr altes Papier.

Kannst du so leben?, frage ich.

Staszek lächelt: aller Friede wächst aus Gewohnheit, und einmal teilt jeder das Vergessen mit den Toten. Außerdem habe ich meine Kinder.

Du hast Kinder?

Staszek nickt: morgen werd ich dir zeigen.

So reden und trinken wir uns durch die halbe Nacht. Am andern Tag führt Staszek mich durchs Gärtchen in den windschiefen Schuppen. Die durch Fugen und Risse einfallenden Lichtbündel brechen sich an der Rückwand des dämmrigen Raumes in Farben und Formen: bemalte

Holzfiguren führen dort auf schmalem Bord ein heimliches Dasein.

Meine Kinder, lächelt Staszek.

Ein gefesselter Jesus liegt auf den Knien, wie Speerspitzen umringen ihn Hände, die auf ihn deuten. Eine Frau wägt in der Hand einen Fisch und birgt ihr mageres Kind in der Schürzenfalte. Breit wie eine Glucke hockt auf dem Bord die aus einem Stück geschnittene Doppelfigur von Hirt und Lamm, ein großflächiges Gesicht blickt rundäugig und blass vor Wehmut aus dem klobigen Holz, die Hand mit dem Stab überm Kopf des Tieres.

Dobry pastorz, sagt Staszek. Der gute Hirte.

Wie bist du dazu gekommen?

Staszek bezieht meine Frage wohl auf den Hirten, denn er nimmt die Figur vom Bord und murmelt: das ist wieder eine Geschichte, dazu müssen wir trinken.

Im Schlackenhaus steht der gute Hirte zwischen uns auf dem Tisch, und Staszeks Worte fließen langsam wie Öl aus der Lampe. Redend lässt er den Kriegsstier aufbrüllen, beflaggte Wurfspeere in den Flanken. Der Schweißdunst des ausblutenden Tieres liegt über der Stadt, und ein Frontzug schiebt sich durch die zerschossenen Gleiskörper dem Bahnhof zu. Die stehengebliebene Uhr starrt ihm entgegen, ein totes Auge. Gelbe Postkarren kommen näher, der Vorsteher mit dem Rot der Dienstmütze. Gefreiter Wisotzki, in Friedenszeiten Staszeks Hausnachbar, ein bisschen deutscher als Staszek, was das Blut betrifft, reißt die Schiebetür auf und erkennt den Bahnhof seiner Heimatstadt.

Zwei Stunden Aufenthalt, Verpflegung fassen!, wird irgendwo gerufen. Und da rennt der Wisotzki schon übers Bahngleis, vorbei am Güterschuppen und die Brückenstraße hinunter zur Schlackensiedlung.

Die Frau tritt eben aus der Tür, heißes Wasser dampft im Eimer, schwappt Wisotzki über die Stiefel, als er sie wild umhalst. Sie wehrt ihn lächelnd ab: später.

Was ist los?, fragt Wisotzki.

Und kriegt zu hören: die Kuh kalbt.

Da steht nun der Gefreite Wisotzki im Stall mit aufgekrempelten Ärmeln, Weidenknüppel und Strohwisch zur Hand, und die Schecke hat eine schwere Geburt. Der Zug am Bahnhof hat schon gepfiffen, aber Wisotzki kann da jetzt nicht hinhören, das Tier braucht kräftige Hilfe, und in der Nachbarschaft ist kein Mann sonst zu Haus. Es wird Abend, bis er das Bullenkalb trocken reiben kann. Er ist noch beim Waschen, als er abgeholt wird.

Staszek unterbricht seine Geschichte und füllt die Gläser nach. Das Standgericht, sagt er schließlich, war in der Nacht zusammen. Am Morgen haben sie ihn erschossen, oben am Kutusow-Denkmal, die Einschüsse kannst du jetzt noch sehn in der Stadtmauer. Und die Treckzüge von Breslau her sind dran vorbeigezogen mit kleinen Kindern, die Augen voll Elend.

Nun trinken wir also. Zwischen uns die Holzfigur starrt traurig aus dem Fenster. Staszek nimmt sie langsam zur Hand, wägt sie – das Holz scheint zu leben unter seiner Berührung. Schwer wiegen Worte am Ende des Schweigens.

Der gute Hirte, sagt er leise, lässt sein Leben für die Schafe. Über zwei Wochen wohnte ich bei Staszek. Wir fassten den Brunnen neu und flickten das Dach. Manchmal kam die Frau Bienia und warf mir finstere Blicke zu. Dann kochte Staszek Botwinka. Als ich schließlich abreisen musste, nahm Staszek mir das Versprechen ab, im Herbst wiederzukommen.

Es wurde Neujahr.

Der Winter war nicht bei Kräften, der Schnee pappte an den Schuhen, als ich den schmalen Gartenweg hinüber zu Staszeks Häuschen stapfte. Die Tür war verschlossen, ich fragte mich durch zu der Frau Bienia, die zuckte mürrisch mit den Schultern und rief die Tochter der Nachbarsleute als Dolmetscherin.

Staszek war tot, erfuhr ich, gestorben wenig vor Weihnachten. Am bösen Husten, sagt die Frau Bienia. Jedenfalls übersetzte es mir das Mädchen so.

Ich fragte nach Staszeks Kindern. Die Frau Bienia band wortlos die Schürze ab, nahm das Kopftuch um und ging mit mir hinüber zum Schlackenhäuschen. Aus dem Schrank holte sie den guten Hirten, großgesichtig, blauäugig, wie er zwischen Staszek und mir auf dem Tisch gestanden hatte. Sie schlug die Figur in die Gazeta Robotnicza vom siebzehnten Dezember und drückte mir das Päckchen in die Hand. Damit war ich verabschiedet.

Ich ging hinunter zum Friedhof, fand Staszeks Stätte unter den Reihengräbern. Ein hölzernes Täfelchen trug seinen Namen, Daten waren nicht verzeichnet.

Einem jeglichen ist sein Weg in die Ewigkeit zugemessen, pflegte Staszek zu sagen, wenn er vom Sterben sprach. Er verwies auf Anlässe für diese Philosophie: an der Garnisonkirche in Hirschberg berichtet, wenn die Sonne schräg einfällt und den ausgewitterten Lettern Schattenkonturen gibt, eine bräche Grabplatte, dass den ersten August siebzehnfünfundvierzig dreiviertel auf zwei der hochverdiente Diacon Herr Gottlob Adolph, seines Alters neunundfünfzig Jahre, neun Monate und einen Tag, auf der Kanzel unterm Eingange der Vesper-Predigt durch einen Wetterstrahl aus dem Dienste des Herrn abgerufen.

Staszeks Seele, wenn es etwas auf sich haben sollte mit seiner Philosophie, mag als Flaschenpost auf einem Strom von Selbstgebranntem ins ewige Leben getrieben sein, so ungefähr jedenfalls dachte er sich seine Himmelfahrt.

Viele Menschen gehen wie ein Schatten über den müden Leib der Erde, nur wenige hinterlassen ein Mal, das mit dem Tod nicht ausgelöscht wird. Die Frau Bienia hatte Staszeks hölzerne Kinder auf den Grabhügel getragen: den gefesselten Jesus und die Frau mit dem Fisch und dem Kind in der Schürzenfalte. Jetzt standen sie im Tauschnee, und die Farbe lief in breiten Tränenspuren in die weiße Decke. Heruntergebrannte Talglichter schwammen dazwischen. Staszeks Grab sah aus wie ein Faschingsumzug, der unversehens in den Regen geraten ist.

Bertolt Brecht

Die unwürdige Greisin

M eine Großmutter war zweiundsiebzig Jahre alt, als
mein Großvater starb. Er hatte eine kleine Lithographenanstalt in einem badischen Städtchen und arbeitete darin mit zwei, drei Gehilfen bis zu seinem Tod. Meine Großmutter besorgte ohne Magd den Haushalt, betreute das alte,
wacklige Haus und kochte für die Mannsleute und Kinder.

Sie war eine kleine magere Frau mit lebhaften Eidechsen-
augen, aber langsamer Sprechweise. Mit recht kärglichen
Mitteln hatte sie fünf Kinder großgezogen – von den sieben,
die sie geboren hatte. Davon war sie mit den Jahren kleiner
geworden.

Von den Kindern gingen die zwei Mädchen nach Amerika, und zwei der Söhne zogen ebenfalls weg. Nur der
Jüngste, der eine schwache Gesundheit hatte, blieb im Städtchen. Er wurde Buchdrucker und legte sich eine viel zu
große Familie zu.

So war sie allein im Haus, als mein Großvater gestorben
war.

Die Kinder schrieben sich Briefe über das Problem, was
mit ihr zu geschehen hätte. Einer konnte ihr bei sich ein

Heim anbieten, und der Buchdrucker wollte mit den Seinen zu ihr ins Haus ziehen. Aber die Greisin verhielt sich abweisend zu den Vorschlägen und wollte nur von jedem ihrer Kinder, das dazu imstande war, eine kleine geldliche Unterstützung annehmen. Die Lithographenanstalt, längst veraltet, brachte fast nichts beim Verkauf, und es waren auch Schulden da.

Die Kinder schrieben ihr, sie könne doch nicht ganz allein leben, aber als sie darauf überhaupt nicht einging, gaben sie nach und schickten ihr monatlich ein bisschen Geld. Schließlich, dachten sie, war ja der Buchdrucker im Städtchen geblieben.

Der Buchdrucker übernahm es auch, seinen Geschwistern mitunter über die Mutter zu berichten. Seine Briefe an meinen Vater, und was dieser bei einem Besuch und nach dem Begräbnis meiner Großmutter zwei Jahre später erfuhr, geben mir ein Bild von dem, was in diesen zwei Jahren geschah.

Es scheint, dass der Buchdrucker von Anfang an enttäuscht war, dass meine Großmutter sich weigerte, ihn in das ziemlich große und nun leerstehende Haus aufzunehmen. Er wohnte mit vier Kindern in drei Zimmern. Aber die Greisin hielt überhaupt nur eine sehr lose Verbindung mit ihm aufrecht. Sie lud die Kinder jeden Sonntagnachmittag zum Kaffee, das war eigentlich alles.

Sie besuchte ihren Sohn ein- oder zweimal in einem Vierteljahr und half der Schwiegertochter beim Beereneinkochen. Die junge Frau entnahm einigen ihrer Äußerungen, dass es ihr in der kleinen Wohnung des Buchdruckers zu eng war. Dieser konnte sich nicht enthalten, in seinem Bericht darüber ein Ausrufezeichen anzubringen.

Auf eine schriftliche Anfrage meines Vaters, was die alte Frau denn jetzt so mache, antwortete er ziemlich kurz, sie besuche das Kino.

Man muss verstehen, dass das nichts Gewöhnliches war, jedenfalls nicht in den Augen ihrer Kinder. Das Kino war vor dreißig Jahren noch nicht, was es heute ist. Es handelte sich um elende, schlecht gelüftete Lokale, oft in alten Kegelbahnen eingerichtet, mit schreienden Plakaten vor dem Eingang, auf denen Morde und Tragödien der Leidenschaft angezeigt waren. Eigentlich gingen nur Halbwüchsige hin oder, des Dunkels wegen, Liebespaare. Eine einzelne alte Frau musste dort sicher auffallen.

Und so war noch eine andere Seite dieses Kinobesuchs zu bedenken. Der Eintritt war gewiss billig, da aber das Vergnügen ungefähr unter den Schleckereien rangierte, bedeutete es »hinausgeworfenes Geld«. Und Geld hinauszuwerfen, war nicht respektabel.

Dazu kam, dass meine Großmutter nicht nur mit ihrem Sohn am Ort keinen regelmäßigen Verkehr pflegte, sondern auch sonst niemanden von ihren Bekannten besuchte oder einlud. Sie ging niemals zu den Kaffeegesellschaften des Städtchens. Dafür besuchte sie häufig die Werkstatt eines Flickschusters in einem so armen und sogar etwas verrufenen Gässchen, in der, besonders nachmittags, allerlei nicht besonders respektable Existenzen herumsaßen, stellungslose Kellnerinnen und Handwerksburschen. Der Flickschuster war ein Mann in mittleren Jahren, der in der ganzen Welt herumgekommen war, ohne es zu etwas gebracht zu haben. Es hieß auch, dass er trank. Er war jedenfalls kein Verkehr für meine Großmutter.

Der Buchdrucker deutete in einem Brief an, dass er seine Mutter darauf hingewiesen, aber einen recht kühlen Bescheid bekommen habe. »Er hat etwas gesehen«, war ihre Antwort, und das Gespräch war damit zu Ende. Es war nicht leicht, mit meiner Großmutter über Dinge zu reden, die sie nicht bereden wollte.

Etwa ein halbes Jahr nach dem Tod des Großvaters schrieb der Buchdrucker meinem Vater, dass die Mutter jetzt jeden zweiten Tag im Gasthof esse.

Was für eine Nachricht!

Großmutter, die zeit ihres Lebens für ein Dutzend Menschen gekocht und immer nur die Reste aufgegessen hatte, aß jetzt im Gasthof! Was war in sie gefahren?

Bald darauf führte meinen Vater eine Geschäftsreise in die Nähe, und er besuchte seine Mutter.

Er traf sie im Begriffe auszugehen. Sie nahm den Hut wieder ab und setzte ihm ein Glas Rotwein mit Zwieback vor. Sie schien ganz ausgeglichener Stimmung zu sein, weder besonders aufgekratzt noch besonders schweigsam. Sie erkundigte sich nach uns, allerdings nicht sehr eingehend, und wollte hauptsächlich wissen, ob es für die Kinder auch Kirschen gäbe. Da war sie ganz wie immer. Die Stube war natürlich peinlich sauber, und sie sah gesund aus.

Das Einzige, was auf ihr neues Leben hindeutete, war, dass sie nicht mit meinem Vater auf den Gottesacker gehen wollte, das Grab ihres Mannes zu besuchen. »Du kannst allein hingehen«, sagte sie beiläufig, »es ist das dritte von links in der elften Reihe. Ich muss noch wohin.«

Der Buchdrucker erklärte nachher, dass sie wahrscheinlich zu ihrem Flickschuster musste. Er klagte sehr.

»Ich sitze hier in diesen Löchern mit den Meinen und habe nur noch fünf Stunden Arbeit und schlecht bezahlte, dazu macht mir mein Asthma wieder zu schaffen, und das Haus in der Hauptstraße steht leer.«

Mein Vater hatte im Gasthof ein Zimmer genommen, aber erwartet, dass er zum Wohnen doch von seiner Mutter eingeladen werden würde, wenigstens pro forma, aber sie sprach nicht davon. Und sogar als das Haus voll gewesen war, hatte sie immer etwas dagegen gehabt, dass er nicht bei ihnen wohnte und dazu das Geld für das Hotel ausgab!

Aber sie schien mit ihrem Familienleben abgeschlossen zu haben und neue Wege zu gehen, jetzt, wo ihr Leben sich neigte.

Mein Vater, der eine gute Portion Humor besaß, fand sie »ganz munter« und sagte meinem Onkel, er solle die alte Frau machen lassen, was sie wolle.

Aber was wollte sie?

Das nächste, was berichtet wurde, war, dass sie eine Bregg bestellt hatte und nach einem Ausflugsort gefahren war, an einem gewöhnlichen Donnerstag. Eine Bregg war ein großes, hochrädriges Pferdegefährt mit Plätzen für ganze Familien. Einige wenige Male, wenn wir Enkelkinder zu Besuch gekommen waren, hatte Großvater die Bregg gemietet. Großmutter war immer zu Hause geblieben. Sie hätte es mit einer wegwerfenden Handbewegung abgelehnt mitzukommen.

Und nach der Bregg kam die Reise nach K., einer größeren Stadt, etwa zwei Eisenbahnstunden entfernt. Dort war ein Pferderennen, und zu dem Pferderennen fuhr meine Großmutter. Der Buchdrucker war jetzt durch und durch alarmiert. Er wollte einen Arzt hinzugezogen haben. Mein Vater schüttelte den Kopf, als er den Brief las, lehnte aber die Hinzuziehung eines Arztes ab.

Nach K. war meine Großmutter nicht allein gefahren. Sie hatte ein junges Mädchen mitgenommen, eine halb Schwachsinnige, wie der Buchdrucker schrieb, das Küchenmädchen des Gasthofs, in dem die Greisin jeden zweiten Tag speiste.

Dieser »Krüppel« spielte von jetzt ab eine Rolle.

Meine Großmutter schien einen Narren an ihr gefressen zu haben. Sie nahm sie mit ins Kino und zum Flickschuster, der sich übrigens als Sozialdemokrat herausgestellt hatte, und es ging das Gerücht, dass die beiden Frauen bei einem Glas Rotwein in der Küche Karten spielten.

»Sie hat dem Krüppel jetzt einen Hut gekauft mit Rosen drauf«, schrieb der Buchdrucker verzweifelt. »Und unsere Anna hat kein Kommunionskleid!«

Die Briefe meines Onkels wurden ganz hysterisch, handelten nur von der »unwürdigen Aufführung unserer lieben

Mutter« und gaben sonst nichts mehr her. Das Weitere habe ich von meinem Vater.

Der Gastwirt hatte ihm mit Augenzwinkern zugeraunt: »Frau B. amüsiert sich ja jetzt, wie man hört.«

In Wirklichkeit lebte meine Großmutter auch diese letzten Jahre keinesfalls üppig. Wenn sie nicht im Gasthof aß, nahm sie meist nur ein wenig Eierspeise zu sich, etwas Kaffee und vor allem ihren geliebten Zwieback. Dafür leistete sie sich einen billigen Rotwein, von dem sie zu allen Mahlzeiten ein kleines Glas trank. Das Haus hielt sie sehr rein, und nicht nur die Schlafstube und die Küche, die sie benutzte. Jedoch nahm sie darauf ohne Wissen ihrer Kinder eine Hypothek auf. Es kam niemals heraus, was sie mit dem Geld machte. Sie scheint es dem Flickschuster gegeben zu haben. Er zog nach ihrem Tod in eine andere Stadt und soll dort ein größeres Geschäft für Maßschuhe eröffnet haben.

Genau betrachtet lebte sie hintereinander zwei Leben. Das eine, erste, als Tochter, als Frau und als Mutter, und das zweite einfach als Frau B., eine alleinstehende Person ohne Verpflichtungen und mit bescheidenen, aber ausreichenden Mitteln. Das erste Leben dauerte etwa sechs Jahrzehnte, das zweite nicht mehr als zwei Jahre.

Mein Vater brachte in Erfahrung, dass sie im letzten halben Jahr sich gewisse Freiheiten gestattete, die normale Leute gar nicht kennen. So konnte sie im Sommer früh um drei Uhr aufstehen und durch die leeren Straßen des Städtchens spazieren, das sie so für sich ganz allein hatte. Und den Pfarrer, der sie besuchen kam, um der alten Frau in ihrer

Vereinsamung Gesellschaft zu leisten, lud sie, wie allgemein behauptet wurde, ins Kino ein!

Sie war keineswegs vereinsamt. Bei dem Flickschuster verkehrten anscheinend lauter lustige Leute, und es wurde viel erzählt. Sie hatte dort immer eine Flasche ihres eigenen Rotweins stehen, und daraus trank sie ihr Gläschen, während die anderen erzählten und über die würdigen Autoritäten der Stadt loszogen. Dieser Rotwein blieb für sie reserviert, jedoch brachte sie mitunter der Gesellschaft stärkere Getränke mit.

Sie starb ganz unvermittelt, an einem Herbstnachmittag in ihrem Schlafzimmer, aber nicht im Bett, sondern auf dem Holzstuhl am Fenster. Sie hatte den »Krüppel« für den Abend ins Kino eingeladen, und so war das Mädchen bei ihr, als sie starb. Sie war vierundsiebzig Jahre alt.

Ich habe eine Photographie von ihr gesehen, die sie auf dem Totenbett zeigt und die für die Kinder angefertigt worden war.

Man sieht ein winziges Gesichtchen mit vielen Falten und einen schmallippigen, aber breiten Mund. Viel Kleines, aber nichts Kleinliches. Sie hatte die langen Jahre der Knechtschaft und die kurzen Jahre der Freiheit ausgekostet und das Brot des Lebens aufgezehrt bis auf den letzten Brosamen.

Ulla Hahn

Die Motte

Wer aber an gebrochenem Herzen stirbt, der muss einmal im Jahr zurück auf die Erde und seinem Tod auf den Grund gehen. Einen Tag und eine Nacht dürfen wir in Tiergestalt nahe dem geliebten Menschen verweilen. Daher diese vielen Hunde mit dem treuen Blick, die schmeichlerische Katze, das starke Pferd. Ich flog als Motte zu ihm.

Es war einer jener seltenen Abende im Frühling, an denen die Stadt duftet wie ein Dorfplatz unter den Linden. Ich fand mich in der Kerze einer Kastanie vor seinem Haus und die Blüte vibrierte unter meinen dünnen Beinchen. Mich labte ihr Du, denn ich gehörte, da ich mit meiner Liebe keinem geschadet hatte, nicht zu einer dieser schädlichen Mottenarten, die sich durch Filz, Pelze und Pullover fressen müssen. Nein, ich genoss meinen hochentwickelten Geruchssinn und meine fransigen Flügel zitterten nicht nur, weil der Wind vom nahen Fluss die Blüten bewegte und mich mit ihnen.

Von der Kastanie aus konnte ich in seinen Garten sehen, groß und gepflegt hinterm Haus. Viel Rasen, eine Trauerweide, Flieder, Jasmin; das musste der Baum sein, von dem er mir einmal im Herbst einen Apfel mitgebracht hatte. Wo später im Jahr die Rosen blühen würden, färbten jetzt noch Tulpen die Beete, gelbrote Kelche, als brächen Flammen aus den Stengeln. Zwei mit Platten belegte Wege bildeten zwischen Rabatten ein helles sauberes Kreuz.

Ich hatte mir immer einen Garten gewünscht; vielleicht hätte mich der strenge Geruch umgegrabener Erde, die zuverlässige Rundung einer Saatkartoffel oder einer Steckzwiebel, das Verziehen der Setzlinge, ja, das Unkrautjäten und geduldige Bewässern vor dem Schlimmsten bewahrt.

Dann aber rauschten die Bäume auf diese Art, die die Nacht ankündigt, dumpf und schwer, und nun, da nach einer langen Weile lichter Dämmerung, die sein Haus umhüllt hatte wie eine Liebkosung, die Dunkelheit rasch einfiel, war es an der Zeit, durch die weitgeöffneten Fenster ins Innere seines Hauses zu fliegen. Schwarz bewegte sich seine Gestalt im Lampenlicht hinter den Fenstern.

Und jetzt stieg auch noch der Mond auf überm Haus und verspann mit seinen Strahlen Erde und Firmament. Der Garten erstarrte. Reglos standen die Blumen wie in einer riesigen Kugel aus Glas, einmal hatte mir mein Liebster solch einen Briefbeschwerer geschenkt. Selbst die Pappeln am Ufer schienen versteinert, festgefroren jede Bewegung in diesem außerirdischen Licht, das ich schon so gut kannte, das Licht der eisigen Ewigkeit.

Eine Brise vom Fluss, ich ließ mich fallen, tragen, die Gardinen bauschten auf, und ich stieß an die glatte, weiße Fläche einer Tischplatte. Gleich roch ich die köstliche Speise und kroch dem Teller entgegen. Immer wieder fuhr ich den

Saugrüssel in die Reste, konnte nicht ablassen von diesem soßigen Porzellan, wand meine fadenförmigen Fühler um kleine Kotelettknochen, wich vor der lippenstiftbeschmierten Serviette zurück und schmiegte mich in die seine, Leinen mit eingesticktem Monogramm.

Ich musste das Speisezimmer langsam erkunden. Meine Facettenaugen waren zwar ungewöhnlich groß, doch den Umriss, die Formen im Ganzen wahrzunehmen fiel mir schwer. Ich erkannte Gemälde und Gobelins auf einer Seidentapete, Möbel aus kostbaren Hölzern, blühende Teppiche, überall Blumen in erlesenen Arrangements, einmal hatte er mir eine abgeknickte Blüte, verschraubt in einer Seifendose, zugesteckt.

Und da habe ich geglaubt, er würde aufstehen von diesem Tisch mit diesem Damast, den Teller aus chinesischem Porzellan zurückschieben, dieses Silber aus der Hand legen, den bequemen Stuhl nach hinten rücken, aufstehen, über das Blumenmeer wandeln, hinausgehen, diese Palisandertür hinter sich schließen und von meinem Zwiebelmuster essen.

Seine Frau war schon im Nachtgewand, blauer Satin, über und über mit Falken im Sturzflug bestickt, und mir fielen meine verwaschenen, ausgeleierten Frotteeschlafanzüge ein. Ich ahnte ihre Figur, kannte sie aus meinen Lebzeiten und hatte sie gerade auf dem Titel des »Stadt Magazins« erspäht. Das Foto zeigte sie in des Liebsten Arm bei einem dieser Wohltätigkeitsbälle, tiefdekolletiert und lächelnd auf diese blonde, mit Herkunft, Vermögen und Ehemann bewaffnete Art.

Dann begannen meine schwachen hinteren Beine zu zittern, ich roch ihn, noch ehe ich ihn hereinkommen sah, in dieses Zimmer, wo schon lange niemand mehr auf etwas gewartet hatte, außer auf den Schlaf.

Mühsam hielt ich zwischen zwei Falten mein Gleichgewicht auf einem freien Fleck der Gardinenstange im dunkelsten Winkel des Raumes. Dort wollte ich verharren und mich an seinem Anblick sättigen. Seine hastigen Bewegungen, mit denen er die Schnürriemen aufriss, die Strümpfe, die Hose auszog, dann Hemd und Krawatte, seinen nackten Körper, der mich wieder und wieder zugedeckt hatte, begraben, dachte ich jetzt, sein Gesicht, das, wenn er schlief, den Ausdruck eines gekränkten Babys annahm. Einmal hatte er sich in meinen Armen auf die Seite gedreht, dass sein Fuß zwischen die meinen zu liegen kam, und ich ganz weich und warm geworden war vor Hingabe und Zärtlichkeit.

Mein Tod, das sah ich, hatte ihm den Frieden gebracht, aber um einen hohen Preis! Sein Gesicht war in sich zusammengesunken, als hätten die Knochen alle Stützkraft verloren, sein Mund, der sich in der Liebe stets so wunderbar mit Blut gefüllt und gestrafft hatte, hing schlaff und stand ein wenig offen, in dreifachen Falten lag ihm das Kinn auf der Brust, die dünn von seinem Bauch, der sich über den Magen wölbte, abstach. Als er den Slip auszog, klatschte sein bläulich rotes Geschlecht mit einem leisen Geräusch auf die Schenkel, an deren Innenseiten gelbe, schlecht durchblutete, schlabbrige Haut hing, um Waden und Schienbein Aderngestrüpp.

Um das alles deutlich zu sehen, hatte ich meinen Winkel verlassen müssen. Was dem Licht entgegen meiner Mottennatur nicht geglückt war, mich aus meinem Versteck zu locken, gelang dem Liebsten sogleich. Aber ihr Zimmer grenzte an das seine, und sie sah mich und schrie mit entblößten feucht glänzenden Zähnen: »Eine Motte!«, griff zwischen klirrende Tiegel auf dem Frisiertisch nach ihrer Bürste und schwang sie gegen ihn und mich. »Schlag sie tot!«

Er schaute auf von seiner Hose, die er gerade über den stummen Diener hängte, und blickte teilnahmslos in Richtung der Frau und an ihr vorbei.

»Lass nur, ich mach das schon.« Seine Stimme, matt wie die ganze Gestalt, hatte ihre tiefen Töne verloren. Sie aber umkreiste ihn, die Bürste im gestreckten Arm, und kreischte: »Schlag sie tot! Schlag sie tot! Schlag sie tot!«

Ich saß längst wieder in meinem Winkel.

»Es ist doch nur eine Motte«, sagte er. »Warum regst du dich so auf?«

»Nur eine Motte? Nur! Du weißt nicht, wovon du sprichst. Sind die Kleiderschränke geschlossen? Alle?«

Ich konnte ihre Aufregung verstehen. Bei der Wahl der Heidekönigin wurde sie fast in jedem Jahr zur bestangezogenen Frau der Stadt gekürt.

Sie fegte die Wände entlang, rüttelte an den Knäufen der Türen, fand alles dicht, strich sich über die Stirn, murmelte etwas von einer Erfrischung und: »Wenn ich zurückkomme, ist das Vieh verschwunden, verstanden? Und pass auf die Tapete auf!«

Die Tür fiel hinter ihr ins Schloss, ich verließ mein Versteck und breitete meine Flügel aus, wie ich früher die Arme ausgebreitet hatte, um ihn zu umfangen. Ich flog direkt zu ihm.

Er sah mich kommen und hielt ganz still. Ja, er streckte sogar die Hand aus, wie es Kinder tun aus Neugier und alte Leute aus Einsamkeit, wenn in den Parkanlagen die erste Sonne scheint und Schmetterlinge und Marienkäfer fliegen. Ja wirklich, er streckte die Hand aus, die ein wenig zitterte und aufgedunsen abstand von dem dünn gewordenen Arm. Meine Beine knickten mir weg, als ich mich in der Mulde der Innenfläche behutsam niederließ. Wunderbar warm und trocken waren die geschickten Hände meines Liebsten gewesen. Diese Hand war feucht und kalt, und sie konnte sich jederzeit schließen und mich zerquetschen.

Er bewegte sich aber nicht, und ich kroch zum Gelenk, liebkoste ihn dabei mit meinen fransigen Flügeln und machte auf seiner Pulsader halt, die mich hob und senkte, und ich dachte: Jetzt wiegt mich sein Blut. Ich umflatterte ihn von Kopf bis Fuß ganz nah, streifte ihn immer wieder mit meinen Flügeln, er genoss die sachte Berührung, reckte sich ihr entgegen, wie wohlig hatte sich sein Körper in meinen Händen bewegt.

Er schaute auf mich mit dem bebenden Lächeln alter Leute, und seine Augen zwinkerten und sonderten in den Winkeln und an den Rändern Flüssigkeit ab. Auch sein Geruch war nicht mehr der eines starken gesunden Mannes, ein säuerlicher Apfelgeruch stach unter den Achselhöhlen hervor, zwischen den Beinen roch er nach Seife, nur im Nacken fand ich noch den vertrauten Duft.

Im Erdgeschoss klappte die Tür, er fuhr zusammen, ich taumelte. Und dann sprach er mit mir, mit der Motte. »Warte«, sagte er, »hab keine Angst.« Er wedelte mich an die Wand, ergriff das Glas, das neben der Flasche Wasser für die Nacht stand und stülpte es über mich. Geschickt schob er das »Stadt-Magazin« zwischen Glasrand und Wand. Ich war gefangen. Vorsichtig trug er mich ans Fenster, doch dann machte er kehrt, ging aus dem Zimmer, die Treppe hinunter, sperrte die Haustür auf, öffnete sie, alles mit einer Hand, die andere balancierte mich in dem Glas und dann hob er das Glas hoch.

»Mach, dass du fortkommst«, sagte er. »Lass dich hier nie wieder blicken!«

Ich blieb aber sitzen, und er musste die Hand und das Papier viele Male schütteln. Die Nacht war noch lang, und ich wusste, ich würde wiederkommen, denn wir sind erst erlöst, wenn wir aufhören, unser Unglück zu lieben.

Robert Gernhardt

Walther im Alter

Denken wir uns Walther von der Vogelweide. Gerade hat der große Dichter des 13. Jahrhunderts sein ergreifendes Altersklagelied »Owê war sint verswunden alliu mîniu jâr« beendet, da, als er es nochmals mit lauter Stimme skandiert, ermöglicht es eine der raren Auffaltungen im Raum-Zeit-Kontinuum, dass ein Seniorenberater aus dem 21. Jahrhundert in Walthers Dichterklause aufscheint, worauf sich das folgende Gespräch entwickelt …

Herr Walther! Ich habe Ihren Ausführungen, Ihr Alter betreffend, mit Interesse zugehört, ohne sie freilich zur Gänze würdigen zu können. Trotzdem glaube ich bereits jetzt sagen zu können, dass wir mal darüber reden sollten. Würde es Ihnen etwas ausmachen, Ihre Gefühle gegenüber dem Älterwerden in groben Zügen und möglichst verständlichen Worten darzulegen?

Oweh, wohin sind entschwunden alle meine Jahre? Habe ich mein Leben geträumt oder ist es wirklich wahr? Was ich immer für wirklich gehalten habe, ist es das?

Damit, Herr Walther, sprechen Sie eine Empfindung an,

die von vielen Senioren geteilt wird, die des Realitätsverlusts. Als ob nur das Eingebundensein in den Arbeitsprozess Teilhabe am »wirklichen« Leben garantierte. Aber ich will Sie nicht abblocken. Wie empfinden Sie Ihre jetzige Lage?

Nun bin ich erwacht, und es ist mir fremd, was mir zuvor vertraut war wie meine eigene Hand. Leute und Land, in dem ich von Kind aufgewachsen bin, die sind mir fremd geworden, als ob es bloß erlogen wär.

Das mag Ihnen so vorkommen, keine Frage. Aber, Herr Walther: Was Sie da als subjektive Wahrnehmung schildern, ist etwas, das nicht nur Sie betrifft. Die meisten älteren Menschen empfinden dieses Gefühl der Fremdheit gegenüber einer sich ständig wandelnden Welt. Haben Sie schon einmal daran gedacht, einer Seniorengruppe beizutreten, um solche personenübergreifenden Erfahrungen auszutauschen?

Die meine Spielgefährten waren, sie sind träge und alt. Felder sind entstanden, abgehauen der Wald.

Ohne Ihre Sicht der Dinge in Frage stellen zu wollen, Herr Walther, möchte ich doch zu bedenken geben, dass Sie Ihren Blick auf Ihren Alterungsprozess und den Ihrer Altersgenossen einmal kritisch hinterfragen sollten. Ich habe das Gefühl, dass Sie sich gegen jede Veränderung sperren und sich dadurch einen positiven Zugang zu Ihrer jetzigen Situation von vornherein blockieren. Was ist denn groß dagegen zu sagen, dass heute da Felder sind, wo in Ihrer Jugendzeit Wald wucherte? Natürlich schmerzt es, wenn ein Naherholungsgebiet einer Nutzfläche weichen muss – aber der Mensch lebt nun mal nicht vom Wald allein. Und wenn

Sie Ihre Altersgenossen durch die Bank als »träge« abqualifizieren – ist Ihnen eigentlich nie der Gedanke gekommen, dass die Sie ebenso negativ sehen könnten? Und dass sie alle – alle Senioren, meine ich – die Sehweise derer übernehmen, die den Wert eines Menschen nur nach seinem volkswirtschaftlichen Nutzen beurteilen, wo doch ein Begriff wie »nützlich« ganz anders definiert werden kann, ja muss. Sie zum Beispiel, Herr Walther, Sie dichten doch so schön, da könnten Sie sich auf Altenabenden, sorry: Seniorentreffs, dadurch nützlich machen, dass Sie zu den Problemen Ihrer Gruppe immer etwas Gereimtes beisteuern, möglichst in heiterer Form, das kommt immer gut. Nicht Ihr Fall? Hm ... Oder haben Sie eigentlich schon mal daran gedacht, sich um jüngere Menschen zu kümmern?

Oweh, wie trostlos sich die jungen Leute geben, die einst höfisch waren und so stolz! Sie kennen nichts als Sorgen, ach, warum benehmen sie sich so? Wohin ich in der Welt mich wende, da ist niemand froh.

Das ist – erlauben Sie mir den Einwand, Herr Walther, – ein reichlich allgemein gehaltener Vorwurf der Jugend gegenüber. Können Sie den präzisieren?

Tanzen und Singen gehen in Sorgen unter. Niemals sah ein Christ solche jammervollen Jahre.

Herr Walther – lassen Sie mich mal etwas ganz Ketzerisches sagen: Könnte es sich nicht ganz einfach so verhalten, dass Ihr altersgetrübter Blick auf die Welt Sie dazu verführt, Ihre persönliche Lage mit der Situation der Welt an sich zu verwechseln? Nur weil Sie nicht mehr tanzen und singen, bedeutet das noch lange nicht, dass die jungen Leute dazu nicht in der Lage sind. Was werfen Sie denen denn konkret vor?

Nun schaut her, wie den Damen der Kopfputz steht! Die stolzen Ritter tragen bäurisches Gewand.

Aber Herr Walther! Dass die Mode sich ändert, ist doch kein Grund zum Trübsalblasen! Denken Sie doch mal an Ihre Jugend zurück – da haben Sie sich doch auch von der Elterngeneration unterscheiden wollen, indem Sie den Helm verkehrt rum aufsetzten oder mit Rundschuhen herumstiefelten, weil die Schnabelschuhe der Erwachsenen plötzlich mega-out waren. Versuchen Sie doch mal, von Schuldzuweisungen abzusehen, Herr Walther! Bemühen Sie sich statt dessen »Ich« zu sagen! Wie erleben Sie ganz persönlich Ihre gegenwärtige Situation?

Das bekümmert mich tief, wir lebten immer so froh, dass ich nun für mein Lachen das Weinen eintauschen soll.

Ein schlechter Tausch, Herr Walther, ganz Ihrer Meinung. Weshalb ich Ihnen den genau entgegengesetzten Tausch vorschlagen möchte: Weinen gegen Lachen. Nein, schütteln Sie nicht Ihren Kopf! Ich kann Ihnen ein ganz konkretes Angebot unterbreiten. Sie haben doch sicher Enkelkinder. Und diese Enkelkinder werden von ihren Eltern vielfach im Stich gelassen: Der Vater ist dauernd auf Kreuzzügen unterwegs, die Mutter hat alle Hände voll zu tun, den Burgbetrieb am Laufen zu halten – : Hier beginnt der Bildungsauftrag der Senioren, hier können auch Sie wieder Lebensfreude auftanken, Herr Walther! Ihre Enkelkinder sind nämlich nicht irgendwelche Schreihälse, sie sind die besten Lerner der Welt, sie zeigen Ihnen die Welt neu, die fünf Sinne, die vier Elemente, die Dinge. Sie als Vertreter der Großelterngeneration laufen mit ihnen barfuß, Sie experimentieren wieder mit Feuer, Wasser und Wind, machen mit ihnen Versuche in Schrift und Zeichen und zugleich die Erfahrung, dass ältere Menschen und Kinder einander ideale Bildungsbegleiter sein können. Was bei den Kindern spontane Welteroberung, ist für die Älteren ein neues Aufsuchen von Fragen und Interessen. Und Fragen, die haben Sie doch wohl noch. Nicht wahr, Herr Walther?

Die Vögel in der Wildnis betrübt unsere Klage. Ist es da ein Wunder, wenn ich darüber verzage?

Aber Herr Walther! Das sind nun wirklich nicht die Fragen, mir denen Sie Ihre Enkelkinder behelligen sollten! Der Heranwachsende braucht nicht nur den interessierten Blick des Älteren, er braucht auch eine Sicht der Welt, die es ihm als erstrebenswert erscheinen lässt, in diese Welt hineinzuwachsen. Welches Weltbild hätten Sie denn Ihren Enkeln anzubieten?

Oweh, wie wir mit süßen Dingen vergiftet sind! Ich sehe die bittre Galle mitten im Honig schwimmen: Die Welt ist außen schön, weiß, grün und rot, und innen von schwarzer Farbe, finster wie der Tod.

Herr Walther, wissen Sie was? So alt Sie auch sein mögen, Sie haben noch viel zu lernen. Und Sie könnten es auch, wenn Sie Ihre Bildungsressource Gedächtnis nicht ausschließlich dazu nutzten, Negativbeispiele herauszukramen. Damit macht man sich nämlich keine Freunde. Schon gar nicht bei den Enkelkindern – ich nenne sie gern: Weltanfänger –, deren Blick ist nämlich im Gegensatz zu dem Ihren theorielos interessiert und nicht ressentimentgelenkt. Aber wahrscheinlich sollten Sie in Ihrem Zustand lieber die Finger von Kindern lassen. Möglicherweise ist in Ihrem Fall eine ganz andere Therapie angesagt: Haben Sie sich schon mal überlegt, ob es Ihnen so gut tut, dauernd am Schreibtisch zu kleben? Wie wär's mit etwas Bewegung, etwas Luftveränderung? Wann haben Sie eigentlich das letzte Mal auf einem Pferd gesessen?

Daran denkt, ihr Ritter, das geht euch an!

Was solln denn diese Ritter auf einmal?

Ihr tragt die blitzenden Helme und viele harte Panzer …

Ja und? Sich zu panzern ist grundfalsch, Herr Walther! Sie sollen sich doch öffnen!

… dazu die festen Schilde und die geweihten Schwerter.

Aber Gewalt kann doch keine Lösung sein, bester Herr!

»Geweihte Schwerter« – wenn ich das schon höre!

Wollte Gott, ich wäre der Siege wert!

Sagen Sie mal – spinnen Sie jetzt total, Herr Walther? Wollen Sie etwa auf Ihre alten Tage noch einmal an einem dieser als »Kreuzzug« titulierten Massaker an Andersdenkenden teilnehmen? Ich höre!

Könnte ich die glücksbringende Fahrt über das Meer unternehmen.

Ja? Was wäre dann, Herr Zausel?

So würde ich dann freudig singen und niemals mehr: oweh!

Schon will sein Gesprächspartner ihm aufbrausend in die Parade fahren, schon will er ihm die Worte an den Kopf werfen, in seiner ganzen Berufslaufbahn sei ihm kein derart krasser Fall von Altersstarrsinn untergekommen – da streicht eine Hand, welche höher ist denn alle Vernunft, sanft über die unvorhergesehene Raum-Zeit-Auffaltung, und so überraschend sie einander begegnet sind, so unvermittelt verlieren sie einander wieder aus den Augen, der Dichter Walther von der Vogelweide und der Seniorenbetreuer, dessen Name noch rasch nachgeholt sei: Florian Freyer.

Gabriele Wohmann

Puddingkreppel

Es ist gegen Mitternacht, er liegt schon in seinen Kissen, und wie immer zum Nachtabschied sitzt sie auf seinem Bett. Auch wie immer haben sie über den Abendfilm geredet, und beinahe wie immer sind ihnen Ungereimtheiten in der Handlung aufgefallen, es war heute ein Kriminalfilm, und wieder hat zu viel zu laute Musik die Dialoge erstickt. Trotzdem hat sie ein bisschen geschlafen, wie gewohnt hat er ihren nackten linken Fuß gekitzelt, um sie wachzukriegen. Nun sagte sie, die Tagesbilanz ist jetzt an der Reihe: Und nochmal tausend Dank für die Puddingkreppel! Ewig nicht gehabt, große Überraschung!

Sie haben dir wirklich geschmeckt?, fragte er, er weiß, wie gut sie ihr geschmeckt haben, sie hat mittags jedem Bissen gehuldigt.

Sie genießt es, ihm noch einmal sämtliche Genussglücks-gefühle zu schildern: Weißt du, schon wenn man reinschneidet und der Teig ist ein bisschen knatschig und wehrt sich und die blassgelbe Puddingmasse quillt dir entgegen, schon damit fängt es an, bevor du es im Mund hast. Es fängt mit dem Anblick an, das Gehirn summt.

Es war wohl mehr eine Creme als Pudding, oder? Creme hast du doch lieber als Pudding, oder?

Sie findet zwar, dass die in die Kreppel eingespritzte weiche Masse mehr Pudding als Creme war, gibt ihm aber recht, damit er glaubt, dass es, wenn es mehr Creme war, noch köstlicher war. Wirklich gemogelt hat sie nicht, ob Pudding oder Creme, es war das Maximum, er hat ihr die Kreppel mitgebracht.

Das ist furchtbar gefährlich, sagte sie.

Was denn?, fragte er.

Was wir da machen. Ich würde es eines Tages mehr als sonstwas vermissen, wenn keiner mehr da wäre, der sich danach erkundigt, wie mir die Puddingkreppel geschmeckt haben. Der ganz genau wissen will, wie mir *irgendetwas* geschmeckt hat.

Weil er sofort beunruhigt aussieht, sagt sie schnell: Lass nur, es ist ideal so. Das Interesse für Winzigkeiten. Andere halten das für Winzigkeiten, und sie irren sich. Vieles hängt ab von …, ich glaube, von einem roten Handkarren, es ist von William Carlos Williams, und dann kommen noch Hühner und noch ein paar Kleinigkeiten. Sie sind so *wichtig*.

Er hat es nicht gern, dass sie nachdenkt über das, was sie vermissen werden, sie denkt an den Tod, aber ganz vergnügt. Er hat es nicht gern, und doch macht sie ihn heiter, sogar dass sie an den Tod denkt, hat etwas Entlastendes, so als nähme sie ihm damit eine seiner vielen Verantwortungen ab. Trotzdem, er mag es nicht, nicht wirklich. Er wird nicht ganz schlau aus diesem Zwiespalt.

Vor dem Einschlafen, beim Ritual in seinem Bett, sind sie wie frisch verheiratet. Ihr fällt der Arzttermin am nächsten Vormittag ein. Er schickt sie zum Orthopäden. Er hat ihr genaue Anweisungen gegeben. Du sagst, du gehst schaukelnd, deine Gehweise ist tapsig, von einem Bein aufs andere und schräg vornübergebeugt, er wird die *Hüfte* röntgen müssen.

Man wird dir vielleicht, weil das linke Bein etwas kürzer ist als das rechte, einen Schuh anmessen. Du bist schon fast so schief wie Bertie vor ihrer Hüftoperation. Besser erst morgen und nicht mehr nachts wird sie zu ihm sagen: Und wie geht Wally Gruber? Taps, taps, taps, ein Wackelgang. Und ich war mit ihr in einer Klasse. Der Orthopäde wird mir sagen: Sie gehen wie eine Frau Ihres Alters. Er wird von der Karteikarte aufblicken: Sie gehen Ihrem Jahrgang entsprechend. Mit Ihrer Hüfte ist alles in Ordnung. Sie ist sich ziemlich sicher, dass das so ungefähr ablaufen wird. Sie hat es ihm immer wieder gesagt, aber er glaubt nicht daran. Er beobachtet sie genau. Er will sie nicht irritieren, er ist ernsthaft besorgt, sie weiß das, aber sie *ist* irritiert, er meint es immer gut, aber trotzdem.

Jetzt lässt sie ihn besser damit in Ruhe. Er soll wie frisch verheiratet einschlafen. Obwohl damals, als sie frisch verheiratet waren, hatten sie nicht über die Qualität von Puddingkreppeln diskutiert.

Ich bin jetzt viel verliebter als am Anfang, denkt sie. Er ist ein richtiger Mann für Frauenangelegenheiten. Andere Männer kümmern sich nicht um jede Kleinigkeit. Seine Aufmerksamkeit stört zwar manchmal (er schickt sie zum

Orthopäden), aber aufs Ganze gesehen ist es gut so. Er bringt ihr immer irgendwelche Extras aus der Stadt mit, nicht selten sogar Sachen zum Anziehen, und beim Schuhkauf kommt er mit, und wenn sie sich in der Küche in den Finger geschnitten hat, regt er sich auf und verpflastert die kleine Wunde, nachdem er sie desinfiziert hat; allerdings bemerkt er auch jeden minimalen Flecken auf ihrer Bluse, und wenn sie ihre Haare am Hinterkopf schlecht frisiert hat, sorgt er mit dem Kamm dafür, dass man ihre (mittlerweile drei) Scheitel nicht sieht und die rosige Blässe ihrer Kopfhaut. Ich glaube nie und nimmer, dass Nele und Bruno Puddingkreppel jemals so gründlich würdigen würden wie wir, überhaupt niemand von unseren Freunden würde das tun, nicht mal unterhalten würden sie sich über Puddingkreppel, sagt sie.

Letztes Jahr hat es in der ganzen Stadt keine Kreppel mit Puddingfüllung gegeben, immer nur mit Marmelade, ich habe alles abgeklappert auf der Suche, sagt er. Und die mit Marmelade hast du nicht so gern wie die mit Pudding. Nur, der Gipfel, das sind die mit Creme. Leider wars heute eher Pudding, oder?

Die heute, egal was drin war, es waren die idealen, sagt sie. Sie waren einfach göttlich. Ahh, wenn es blassgeld wabbelig rausquillt, was es auch ist, Pudding, Creme, dieses Zarte, Weiche!

Du meinst, es war doch eher Creme? Es schreit nach Wiederholung. Aber nicht sofort. Ein Abstand muss sein. Tausend Dank noch mal.

Nach einer kleinen Pause seufzt sie, sagt dann, betrübtes Gesicht dazu, eine Kindergrimasse: Und ich habe natürlich mal wieder keinen einzigen Akzent für dich. Gemeine Ungerechtigkeit.

Dein Hühnersalat, vergiss den nicht, sagt er.

Ich habe die Packung aufgerissen. Obwohl, es klingt einfacher, als es ist.

Endgültiger Abschied für die Nacht, und sie steht schon auf der zweiten Stufe der Treppe nach unten, da kehrt sie schnell noch einmal um, sie ruft durch die angelehnte Tür in sein jetzt dunkles Zimmer: Doch! Ich hatte ganz vergessen, mein Highlight für dich! Der angenähte Knopf am Schlafanzug.

Stefan Zweig

Herbstwinter in Meran

Oktoberwende hat längst die letzten Trauben von den Reben gelöst, aber noch glühen die Weingärten in einem sanften und doch feurigen Licht. Blatt an Blatt leuchtet, blank und messingfarben, und immer, wenn eine sanfte Brise die zitternden umlegt, meint man sie klingen zu hören wie feine metallene Scheiben. Dunkler sieht der Herbst ins Land. Selten nur blicken mit ihren roten Kinderwangen die Äpfel durch das mürbe Gesträuch, häufiger und schneller entblättern sich die Kastanienbäume und schleudern die letzten dunklen Kerne aus der matten Umhüllung nieder, doch der Winter scheint noch immer unendlich weit. Seit Tagen ist der ernste November in das Tal getreten, aber die Landschaft lächelt ihm geruhig zu. Die Berge haben schon Schnee auf dem Scheitel, doch ihre Brust liegt noch frei und grün, und leuchtend umschnürt ihre tiefe Hüfte der farbige Gurt der Weinberge. Ganz weit scheint der Winter noch. Nur die Höhen, die weiter in die Ferne schauen, scheinen ihn bereits erspäht zu haben, das Tal freut sich noch der Sonne und wird nur feuriger in den herbstlichen Farben. Wie brennende Büschel flackern einzelne Bäume rote Warnung ins

Land, rostfarben leuchten die Stämme, und das heitere Gelb der welken Blätter mengt sich fröhlich ins dunkle Grün der Matten. Unwandelbar aber schließt oben der blaue Himmel mit einem weiten, voll ausgespannten Klang den bunten Reigen der Farben. Es ist ein Herbst ohne Ende, ein Herbst ohne Bitterkeit, der hier langsam Winter wird und – man fühlt es schon – ein milder geruhiger Winter, ohne Härte und Harm.

Es ist mir nicht neu, das vielfältige Farbenspiel dieser Landschaft. Oft hab' ich sie schon so gesehen im Zauber des Übergangs, immer beglückt und immer neu begeistert. Aber immer nur wie etwa ein Maler es sehen mag, froh der Reinheit der Luft und der seligen Klarheit der Farben und fraglos hingegeben im sanften Genießen. Doch heute lüstet es mich, diese Schönheit nach ihrem Sinn zu fragen, denn es gibt Stunden, da der Genuss eine Rechenschaft fordert und selbst die Beglückung noch ihren Sinn. Ich sehe in ihre heiteren Züge hinein und frage das eigene Herz, noch heiß im Entzücken, warum gerade ihr diese seltsame Macht gegeben ist, so reine Beruhigung in mir auszubreiten und von ihrer sanften Heiterkeit einen Widerschein in mich zu streuen. Ich weiß gewaltigere, gekrönt mit den heroischen Insignien großer Vergangenheit, Landschaften, die das Meer zu ihren Füßen haben, das unendliche oder einen See, ständig das Bild ihrer Anmut zu spiegeln, Landschaften, die wie urweltliche versteinerte Gedanken sind, Tragödien aus Fels und Wald. Ich sehe sie an, suchend, an hundert Stellen ihre Schönheit zu fassen, und nichts Einzelnes gibt Antwort. Denn nichts in ihr ist eigentlich sonderbar oder einzigartig, nichts reißt herrisch den Blick an sich, freundlich lässt ihn eine Linie in die andere fließen. Und diese Harmonie des Überganges ist ihre Magie. Denn alle Elemente der Schönheit sind nicht nur verteilt im Meraner Tal, sondern auch vereint. Sie hat Größe und Gewalt, diese Landschaft am Fuße der nordischen Alpen, aber eine, die nicht drückt und beschwert: schieben sich die Berge in ihren Rücken wie zornige Falten auf der Stirn eines Giganten drohend zusammen, scheint von allen Seiten Begrenzung dem Blick zu drohen, ihm im Sinnbild die eigene warnend zu zeigen, nach Süden tut sich die verschlossene Landschaft unendlich auf, ein sonniges Tal führt den Blick, den befreiten, heiter fruchtbare Felder ins Ferne entlang. Sie ist großartig, diese Landschaft, und doch nicht streng, ihre Nähe schön und ihre Ferne erhaben. Ihr felsiger Bau beängstigt nicht wie etwa eine verschlossene Gebirgslandschaft, deren schroffe Felsen sich einem schließlich um das Herz bauen, ihre Weite ermüdet nicht, weil sie nicht flach ins Ferne rinnt, sondern überall den Höhen sich verkettet. Alles ist Übergang in diesem Anblick. Die Stadt selbst, uralt, mit ihren Laubengängen und Herrensitzen und doch geschmackvoll in den neuen Villen und Burgen fügt Vergangenheit und Gegenwart in eine gesellige Gemeinsamkeit. Weiß und doch schon grün durchädert von den Parken und Anlagen, klettert sie langsam in die Wiesen und Weinreben hinein, die selbst wieder aufsteigend hinschwinden in den dunkeln Wald. Dieser wieder verliert sich klimmend in den Fels, dessen Grau mählich mit dem kühlen Weiß des Firnenschnees sich überstäubt, und diese höchste zackige Linie wiederum zeichnet sich rein ins unendliche Blau. So klar und rein entfaltet sich hier der Fächer der Farben, nichts befeindet sich, alle Gegensätze sind harmonisch gelöst. Norden und Süden, Stadt und Landschaft, Deutschland und Italien, alle diese scharfen Kontraste gleiten sanft ineinander, selbst das Feindlichste scheint hier gesellig und vertraut. Nirgends ist eine brüske Bewegung in der Landschaft, nirgends eine zerrissene abgesprengte Linie: wie mit runder, ruhiger Schrift hat die Natur hier mit bunten Lettern das Wort Frieden in die Welt geschrieben.

Meisterschaft des Überganges: das ist die Gewalt dieser Südtiroler Täler. Und nicht nur in der Struktur in ihrem eigenen Leben ist der Wandel der Erscheinung bezwungen, auch der Umschwung der Jahreszeiten, der Himmel, unter dem sie ruhen, scheint gebändigt von ihrer beruhigenden Gewalt. Die Jahreszeiten, die vier feindlichen Schwestern, hier halten sie sich noch friedlich Hand an Hand, leise umwandelnd im Reigen. Sie stoßen sich nicht zornig weg, eine der anderen den Platz zu rauben, sondern geben sich wie einen bunten Ball diese Welt weiter im heiteren Spiel. So weiß ich's nicht zu sagen, ob jetzt noch Herbst ist oder Winter schon, fast vermeint man, Höhe und Tiefe, Fels und Tal hätten sich hier geeint, beide gleichzeitig zu empfangen. Oben auf den Firnen glänzt schon der Schnee, auf wilden Stürmen sprengt der Winter durch die Tannen hin, indes unten das Tal in durchsonnter Luft golden funkelt und einen südlichen Sommer, eine ewige Jugend zu den grauen

Felsen emporspiegelt. Und im Sommer wiederum, wenn der Juli im überhitzten Kessel der Tiefe brodelt, glänzt oben auf dem Vigiljoch und der Mendel ein heller Frühling durch die fast winterlich kühle, würzige Luft. So mildert hier immer die doppelte Welt das Übermaß der Jahreszeiten durch die nachbarliche Gegenwart der anderen, und selbst an einem einzigen Tage, im Kreise weniger Stunden, vermag man hier beide zu empfinden, den Winter am Morgen, den Frühling zu Mittag, wenn die Sonne den weißen Reif weggetrunken und ihre freundliche Wärme über das Tal gebreitet hat. Geschwisterlich sind hier die Jahreszeiten. Wie auf einem antiken Bild, geschmückt mit den bunten Allegorien der Früchte, wandeln sie dahin und verstauen das freundliche Wunder, ihnen vereint zu begegnen.

Dieses Wunder hat die Landschaft von Meran vollbracht dadurch, dass sie den Störenfried verbannte, den Wind. Denn der Wind ist es allein, der die Jahreszeiten gewaltsam trennt, der ihren ruhigen Reigen jäh auseinanderreißt. Wie oft hat man's im Norden erlebt; nachts haben die Fenster geklirrt, ein Heulen war in den Straßen, ein Stöhnen von verzweifeltem Widerstand, ein Schreien und ein Kampf, und erst am nächsten Morgen wenn der Schnee weiß über den Dächern liegt, wusste man's, der Herbst war entführt worden für ein ganzes langes Jahr, weggerissen von unsichtbaren Ketten. Und so gewalttätig stürzt der Sturm den Frühling wieder über den Winter und den Winter wieder über den Herbst. Mit einem Ruck reißt er den schlotternden Bäumen ihr gelbes Gewand ab und streut es in die Ferne, mit jähem Stoß schleudert er den Schnee von den Bergen, dass die Flüsse aufschäumen und rasend ins Tal rollen. Weggepeitscht in wildem Erschrecken entflieht vor ihm jede Jahreszeit, man erschrickt und staunt unvermutet über das neue Antlitz der Erde und ist befremdet, ehe man sich gewöhnt. Hier aber wehrt die Landschaft mit hohen Schultern seinem zornigen Ansturm. Nicht plötzlich ist der Übergang, sondern unmerklich zart, fast wie Musik. Jeden Tag spannt die Sonne jetzt etwas enger ihren Bogen, jede Nacht entsaugt der Frost den Blättern einen Tropfen grünes Blut. Erst beginnen sie zu gilben, dann rosten sie zu einem bräunlichen Rot, dann erst schrumpfen und welken sie, um schließlich, wenn sie ganz schwach und müde sind, schläfrig vom Baum zu taumeln und auf die Erde zu sinken in sanftem kreisenden Flug. Aber sie wehen nicht fort, sondern sinken nur matt zu den Füßen und umscharen weich den entlaubten Stamm, als wollten sie mit ihrem welken Laub noch die Wurzeln für den neuen Frühling wärmen. Und so wie jedes einzelne Blatt hat auch auch die ganze Landschaft hier ihr volles Farbenspiel und verstattet, dass man den Herbst, den Winter nicht wie eine Überraschung empfinde, wie einen Überfall, sondern geruhig wie ein Schauspiel genieße. Frucht auf Frucht fällt hin, Farbe um Farbe lischt mählich aus, aber niemals legt sich der Schnee weiß und tot zwischen Welken und Blühen, und dem Absterben nähert sich schon der Neubeginn. Unentwegt hält der Efeu aber dazwischen überall seine grüne Wacht bis zum Frühjahr, bis die Farben wieder zart einsetzen. Keine Pause ist hier im anregenden Spiel der Farben und des Lichts, nur Übergang, eine sanft anklingende und sanft wieder abschwellende Harmonie.

Dies ist das eine Geheimnis ihrer Schönheit, die Feindschaft mit dem Wind, und das zweite ihre rege Freundschaft mit der Sonne. Meran lebt vom Licht, und man fühlt nie stärker als an einem Regentag, wenn plötzlich all ihre heiteren Züge wie in Tränen untergehen und die Ferne wolkig ihr Haupt verhüllt. Die Farben leuchten dann nur stumpf, wie durch eine Mattscheibe, die Menschen mit dem regen Bunt ihrer Gewandung verbergen sich in den Häusern, der Sinn der Stunden ist verwirkt, man findet seine innere Beziehung zu der gestern noch so nahen Schönheit nicht mehr. Meran lebt nur im Licht. Denn die Sonne hat hier eine seltsame, fast mythische Macht: sie zählt die Stunden, sie gliedert den Tag, sie nährt die Kranken mit Hoffnung und die Früchte mit heißem Blut. Erst wenn sie aufglänzt, beginnt der Tag, wenn sie niedersinkt, ist er vorbei. Mit glühendem Zirkel misst sie die Stunden zu, breiter im Sommer, enger im Winter, immer aber geregelt und genau, und jeder misst seine Zeit an ihr. Ist man ein wenig eingewohnt in Meran, so kann man bald die Uhr entbehren, denn die Rosawolke auf dem Berg, die vorauseilend ihr Kommen ankündigt, deutet eine bestimmte Stunde und wieder eine der Augenblick, wenn sie mit ihrem schrägen Strahl jetzt jenes Kirchendach erreicht, und jene wieder, wenn ihr Leuchten endlich bis in die Passer niederfunkelt. Und so wieder, wenn dieses Haus in Schatten sinkt und dann jenes: allmählich verwandeln sich dem wissenden Blick alle einzelnen Punkte der Landschaft zu Zahlen eines

Ziffernblattes, an dem man das Steigen und Neigen der Stunde zu erkennen vermag. Eine ungeheure Sonnenuhr ist die ganze Landschaft, und diese sichtbare Regelmäßigkeit hat einen wundervollen Reiz für jeden, der schon dem heiligen Zeichen der Himmelsuhr sich entfremdet hat. Denn wir in den Städten spüren Morgen und Abend kaum anders als im Zimmerlicht, wir wissen, dass es Nacht wird, wenn uns die Zeile im Buch zerrinnt und wir das Licht zünden müssen, und vergessen ganz die spendende Kraft, der alles Licht entstammt und die dort so unablässig sinnlich gewärtig ist. Hier dämmert der Morgen nur müßig hin bis zum Augenblick, da sich die Sonne von den Bergen nieder ins Tal getastet hat. Dann erst wird sie wach, die Welt, mit einem Male sind Menschen auf den Straßen, Musik sammelt sie auf der Promenade und in den Gärten, denen das Licht mit raschem Finger die Feuchte des Frostes abstreift und die sommerlich plötzlich leuchten, als wollten sie noch einmal aufzublühen beginnen, mit Blumen und Früchten. Alles drängt sich heran, Sonne zu trinken, die ganze Stadt ist ihr gleichsam zugewandt, südwärts halten die Häuser ihre Balkone und Terrassen entgegen, auf denen, großen Sonnenblumen nicht unähnlich, das Rund der Schirme über den Kranken wacht, die Helligkeit der Landschaft wird doppelt in jedem Blick, und die letzten Nebel fliegen als weiße Wolken leuchtend in den Himmel hinein. Nur wenn die Sonne hier wach ist und nur solange sie das Tal mit ihren warmen Wellen badet, dauert hier der Tag. Goldene Kugeln, glühende und große im Sommer, matt blinkende und kleine im Winter, rollen diese

Sonnenstunden von Berg zu Berg, das ganze Leben in vielfaches Spiegelbild einschließend, rollen es aus Nacht wieder in Nacht zurück. Sinkt die Sonne hinter dem Berg, so fällt die Dämmerung kühl und rasch wie ein feiner, grauer Aschenregen. Alles wird anders. Die Luft, die von der Sonne durchfiltert, weich und golden sich anfühlte, wird plötzlich schneekühl, die Farben erlöschen und die Menschen verschwinden. Immer ist hier in der Dämmerung eine Viertel-, eine halbe Stunde gleichsam des Erschreckens, ein Niedersturz ins Dunkle, so plötzlich und überraschend, wie wenn man in einem Eisenbahnzuge aus dem Betrachten schöner, sonniger Landschaft plötzlich in einem Tunnel sich alles entrissen fühlt und mit befremdeten Augen in eine unerwartete Nacht starrt. Aber Beruhigung beginnt, sobald die Lichter in den Häusern zu funkeln anheben und, wohnt man auf der Höhe, so ist es unbeschreiblich schön zu sehen, wie das tiefe Tal nun von tausend Funken durchglüht ist. Ein Sternenreigen, flirren sie unten in der Tiefe, dazwischen die kleinen Monde der elektrischen Bogenlampen und matt glänzend in ihrer Mitte wie eine Milchstraße die schaumige Passer. Wie ein Spiegel hält unten der irdische Sternenhimmel dem Unendlichen sein Bild zurück, eine Welt ahmt die andere nach, und oben am Rande der Berge funkelt manches Licht der Höhe schon frech in das Ewige hinein. Nun erst fühlt man in dieser Landschaft, deren heiterer Sonnenblick tagsüber nur Milde offenbart, die innere Strenge, nun erst in der immer tieferen Stille vernimmt man ihre Rede, das stürzende Brausen des Flusses. Sah man tags nur ihr Lächeln, nun hört man ihr Herz.

Diese wunderbare Gleichzeitigkeit aller Kontraste scheint mir das Liebenswerte der Meraner Welt, der ich mich verbunden fühle durch die Heimatlichkeit einer immer wieder erneuten Wahl. Nie wird es – ich fühle es immer mehr im Versuche – gelingen, ihre gastliche nachgiebige Schönheit jemandem zu erklären, der in der Schönheit immer nur das Sehenswürdige will, das sichtbar Besondere, die Sehenswürdigkeit, diesen Begriff der Eiligen und Unverständigen, die aus innerer Armut des Schauens Landschaften und Werke in der Presse des Ruhms zu Banknoten der Menschheit gestempelt haben. Die nicht ahnen, dass man mit einer Landschaft Freundschaft schließen kann, mit ihr Zwiesprache halten, dass man sich selber zu mäßigen vermag am bloßen Anblick ihrer Farben und lernen an der Gelassenheit, mit der sie sich dem notwendigen Umschwung der Zeiten entgegenbietet. Nichts vermag solche Beruhigung zu erklären, die oft von einer einzigen Linie eines sanft sich niederneigenden Berges, von den klingenden Halden eines schön geschwungenen Berges einem bis ins Blut strömt und in weiterer Verwandlung selbst Entschlüsse und Gedanken freundlicher formt. Aber ich glaube, unbewusst bildet sich in den Jahren fast in jedem Menschen schließlich eine Vorliebe für eine bestimmte Gegend, die sicherlich mehr bedeutet als gemeine Zufriedenheit mit Wohnung und Klima. Man spürt, dass die Landschaft, die mit solcher Beharrlichkeit einen verlockt, doch des eigenen Charakters unruhige und fließende Form schon in festem, darum aber nicht regellosem Bilde innehabe und freut sich, seine eigene fließende Existenz irgendwo in ewigem Bilde versteinert zu sehen. So liebe ich diese Meraner Welt mit an den Jahren nur gesteigerter Sehnsucht, von ihr zu lernen, die notwendige innere Zwiespältigkeit des Lebens sich durch Harmonie zu lösen, und selbst hier in der Stadt, der himmellosen und bedrückten, ist es mir oft Beruhigung zu wissen, dass dort unten dieses Leben, in dem ich durch Liebe und Hingabe viel von mir gelassen habe, so heiter weiterblüht, wie vielleicht in mir selbst irgendein innerer Trieb unter aller Verwirrung und Geschäftigkeit. Fern von ihr spüre ich ihre ruhige Gelassenheit noch nachklingen in meinem Blut, und wenn hier die Stadt sich zusammenkrampft unter der Faust des Winters und im Nebel die Sterne erlöschen, mühe ich mich manchmal, zum Trost innen ihr Antlitz zu schauen, wie es jetzt unten im leisen Mittagslicht sich milde hineinlächelt in den Winter und mit Schnee auf den Firnen doch vom nahen Frühling träumt.

Lenka Reinerová

Der Anfang von
etwas anderem

Wir wissen: Uns alle erwartet ein unausweichliches Ende. Aber bis dahin können wir unser Leben mitgestalten, können versuchen, ihm einen Sinn zu geben. Wir sind imstande, das Auf und Ab unserer Tage zu empfinden, können Anteil nehmen an den Begebenheiten in der Welt und wissen dabei sehr wohl, dass wir nur ein Körnchen im unendlichen Meer der Menschheit sind. Gerade das ist aber, so glaube ich, vor allem beruhigend. Ein Körnchen? Nun gut. Aber wir können unsere Zeit bewusst verbringen, Kraft und Energie in dem Maße nützen, das jedem von uns gegeben ist. Für mich ist dieses Bewusstsein von solcher Bedeutung, dass ich mich sogar bei der verrückten Erwägung ertappt habe: Und was werde ich tun, wenn ich gestorben bin? Ein sinnloser Gedanke? Wer weiß. Auf jeden Fall tröstlich und ermutigend. Denn auf diese Weise wartet man nicht auf ein endgültiges Ende, sondern auf die erträumte Möglichkeit eines unbekannten, zweifellos völlig andersartigen Anfangs.

Nachweis der Abdruckrechte

Hermann Hesse (1877–1962): Reiselust

Aus: Herman Hesse, Die Kunst des Müßiggangs. Kurze Prosa aus dem Nachlass. Herausgegeben von Volker Michels, Suhrkamp Verlag, Frankfurt am Main 1973. Alle Rechte bei und vorbehalten durch Suhrkamp Verlag Berlin.

Bov Bjerg (geb. 1965): Schinkennudeln

Aus: Bov Bjerg, Die Modernisierung meiner Mutter. Geschichten, Blumenbar 2016.
© Aufbau Verlag GmbH & Co. KG, Berlin 2016.

Siegfried Lenz (1926–2014): Ein angenehmes Begräbnis

Aus: Siegfried Lenz, So zärtlich war Suleyken, Fischer Taschenbuch, S. Fischer, Frankfurt am Main 2015.
© 1955 by Hoffmann und Campe Verlag, Hamburg.

Elke Heidenreich (geb. 1943): Wurst und Liebe

Aus: Elke Heidenreich: Der Welt den Rücken. Erzählungen, Carl Hanser Verlag, München 2001.
© Carl Hanser Verlag GmbH & Co. KG.

Selim Özdogan (geb. 1971): Die Mütze meines Opas
Aus: Selim Özdogan, Trinkgeld vom Schicksal,
Geschichten. © Aufbau Verlag GmbH & Co. KG,
Berlin 2003, 2008.

Kurt Tucholsky (1890–1935): Vom Urlaub zurück
Aus: Kurt Tucholsky, Das große Lesebuch. Herausgegeben
von Axel Ruckaberle. © Fischer Taschenbuch Verlag,
S. Fischer Verlag GmbH, Frankfurt am Main 2010.

Georg Magirius (geb. 1968): Von einem der aufstand,
das Kuchenessen zu lehren
Aus: Arnd Brummer (Hg.), Adieu. Geschichten von
Abschied und Aufbruch, edition chrismon, Hansisches
Druck- und Verlagshaus, Frankfurt am Main 2014.
© edition chrismon in der Evangelischen Verlagsanstalt.

Lenka Reinerová (1916–2008): Die letzten Minuten
Aus: Lenka Reinerová, Das Geheimnis der nächsten Minuten. © Aufbau Verlag GmbH & Co. KG, Berlin 2007, 2009.

Harald Gerlach (1940–2001): Der gute Hirte
Aus: Harald Gerlach, Vermutungen um einen Land-
streicher. Geschichten, Aufbau Verlag, Berlin und Wei-
mar 1978. © Bettina Olbrich, Leimen.

Bertolt Brecht (1898–1956): Die unwürdige Greisin
Aus: Bertolt Brecht, Werke. Große kommentierte Berliner und Frankfurter Ausgabe, Band 18: Prosa 3. © Bertolt-Brecht-Erben/Suhrkamp Verlag 1995.

Ulla Hahn (geb. 1946): Die Motte
Aus: Ulla Hahn, Liebesarten © 2006, Deutsche Verlags-Anstalt, München, in der Verlagsgruppe Random House.

Robert Gernhardt (1937–2006): Walther im Alter
Aus: Robert Gernhardt, Denken wir uns. Erzählungen © S. Fischer Verlag, Frankfurt am Main 2007.

Gabriele Wohmann (1932–2015): Puddingkreppel
Aus: Gabriele Wohmann, Eine souveräne Frau. Die schönsten Erzählungen. Herausgegeben und mit einem Nachwort von Georg Magirius.
© Aufbau Verlag GmbH & Co. KG, Berlin 2012.

Stefan Zweig (1881–1942): Herbstwinter in Meran
Aus: Stefan Zweig, Das große Lesebuch, Fischer Taschenbuch. © S. Fischer, Frankfurt am Main 2004.

Lenka Reinerová (1916–2008): Der Anfang von etwas anderem
Aus: Lenka Reinerová, Das Geheimnis der nächsten Minuten. © Aufbau Verlag GmbH & Co. KG, Berlin 2007, 2009.